「ほめる」は最強のビジネススキル！

日本ほめる達人協会専務理事
松本秀男

悟空出版

はじめに――「ほめる」には「新型」と「旧型」がある

◇「新型ほめる」の驚くべき力

この本は、ほめるスキルを通して、自分のビジネスや人生に奇跡を起こすことを目的にしています。

そしてついでに、自分を大幅にアップグレードしてしまおう、「なりたい自分」を手に入れてしまおう、という本です。

じつは「ほめる」には、旧型と新型があります。オールドタイプとニュータイプです。いまの日本では、まだまだ「旧型ほめる」が使われています。


「〝ほめる〟って、お世辞のこと？」

「適当にほめて、相手を気持ちよくしてあげればいいんですよ」

「ほめられて育った世代は弱いね！」

「ほめると調子に乗るんじゃないの？」

「アメも大事だけど、ムチも大事だよね！」

これらはすべて、「旧型ほめる」の話。オールドタイプです。

この本でお伝えすること、そしていま、成果を出しているビジネスパーソンが当たり前のように使いはじめているのが「新型ほめる」、ニュータイプです。

「新型ほめる」は、十分にビジネススキルです。この本のタイトルどおり、「最強のビジネススキル」と言えるのです。

▼店舗の売上が3か月で対前年比161％になった
▼ずっと年商5億だった会社が2年半で10億になった
▼残業がなくなった
▼離職率が大幅に下がった
▼転職してすぐに年収を1・5倍、さらには3・5倍にした
▼営業実績を対前年比130％にした
▼3000人いる企業の強みを社員全員が理解し、ベクトルがそろった
▼経営破綻した航空会社がたった2年で復活し、国内定時運航率ランキング第1位を獲得した

「新型ほめる」のスキルを使うと、このように奇跡と思えるようなことが何度でも起こります。

もちろん、これまでも誰もが自分のビジネスでさまざまな創意工夫や努力、そしてチャレンジを続けてきています。ところが、なかなか望む結果が出ない。チーム内の関係性がよくならない。若い部下が育たない。離職者が後を絶たない。自分の評価がなかなか上がらない……。

「新型ほめる」は、そのすべての解決策＝ソリューションになるのです。

なぜなら「新型ほめる」は、**ただ相手のいいところをほめるだけの話ではない**からです。

▼自分のチームを、メンバーにとって「安心な場」にすることができる
▼相手も自分も、内側から自然に湧きだすモチベーションを手に入れられる
▼自分たちの仕事に、魅力や価値や強みを見いだせる

▼チームで同じゴールに向かって仕事を進めることができる
▼まず、従業員満足（ES＝エンプロイー・サティスファクション）を手に入れることで、本当の顧客満足（CS＝カスタマー・サティスファクション）につながる
▼仕事だけでなく、家族や大切な人との関係もプラスに激変し、毎日の活力となる
▼何よりも自分の心が整い、「人間力」が上がる

これまで続けてきた努力のうえに、ほめるスキルをほんの少し加えるだけで、みごとなまでに物事が解決していきます。望んだ結果が得られます。そしてさらに、自分自身をアップグレードして、「なりたい自分」を手に入れることができます。これは、すべて本当の話です。

◇「ほめる」は、一人でできる人生最強のプロジェクト

私はいま、「一般社団法人 日本ほめる達人協会」（通称、ほめ達）で専務理事をしています。同時に講師として、数十万人規模の巨大グループ企業から、地域に根ざしたインディペンデントな企業まで、毎年数十社で「ほめる達人」となるための〝ほめ

達〟研修をしています。一例を挙げれば、**ＮＴＴグループやスカイマーク株式会社、日本ＫＦＣホールディングス株式会社など日本を支える企業が〝ほめ達〟研修を採り入れ**、新聞などメディアで研修導入を発表してくださいました。また、講演やセミナーは日本各地にとどまらず、ニューヨークやロンドンなど海外でも行っています。さらに各地の学校教職員やＰＴＡの集まりの場で、子育てのためのほめるスキルもお伝えしています。

それだけ多くの企業や団体が私を呼んでくださるのは、なぜなのでしょう？

それは当然、解決したい課題があるからです。そして、その解決法としてほめるスキルが有効なのではないかと皆さんが思っているからです。**ソリューションとしての「ほめる」を、いま社会は求めている**ということです。

しかもありがたいことに、このソリューションは、コスト（費用）いらず、リソース（資源）いらずです。経費がなくても、人材がなくても、設備の導入がなくても、いつでもどこでも、自分ひとりでも今日から始めることができるのです。

この本を手にした、いまこの時点から、たった一人で始めることができる最強のプロジェクト、それが「ほめる」なのです。

私たち「日本ほめる達人協会」、通称〝ほめ達〟は、「ほめる」を次のように定義しています。

「ほめる」とは、価値を発見して、伝えること。
「ほめる達人」とは、価値発見の達人のこと。

あなたがいまいる書店やカフェや電車の中や自分の部屋の、さっきまでと変わらない風景にも、価値を発見できる。昨日までと変わらない職場のメンバーや自分の仕事、扱う商品やサービスに価値を発見できる。毎日の出来事に価値を発見できる。さらには、自分の人生の価値、そして目的、意味、自分の使命まで発見できる。それが「ほめる達人」です。

〝ほめ達〟研修を受けたり本を読んだりして、奇跡のような成果を生みだした方々に、私は必ず同じ質問をしています。

「ほめる達人になって、何が変わりましたか?」

仕事や人生で奇跡を起こした人たちです。さまざまな変化の体験が聞かれそうですが、不思議なことに、答えは皆さん同じです。

「私が変わりました。**私が変わることで周りが変わって見え、それが周りにいい影響を与えた**のか、びっくりするような成果が得られました」


「ほめる」は、一人でできる人生最強のプロジェクトです。

難しいスキルや、覚えなければならない知識はありません。ひょっとしたら、この本を全部読み終えていただかなくても、直感的にその方法をわかってくださるかもしれません。


私もじつは、「ほめる」を最初は一人プロジェクトとして始めました。

10年ほど前、東京の下町のガソリンスタンドのおやじとして働いていた私は、思いきって転職しました。45歳のときでした。新しい仕事は、外資大手損害保険会社の歩合制の営業です。

45歳といえば、「もう自分の人生、このままかな?」などとも思える年。それが、ほめるスキルを少しだけ意識したことで、転職してすぐに年収を1・5倍にし、さらに数年で3・5倍にすることができました。くわしくは第1章で述べますが、歩合制の営業からその保険会社の経営企画部に抜擢され、CEO(最高経営責任者)や役員と仕事をするほどになりました。すばらしい仲間もたくさんでき、下町時代とはまったく違う毎日です。さらにその企業を卒業し、私はいま、日本ほめる達人協会の専務理事として、研修や海外講演、テレビ出演などをしています。人生が大きく変わったのです。

私のような奇跡が、ほめるスキルを手に入れることであなたにも起こります。

「自分プロジェクトX」か、「プロジェクトH(Homeru)」か?

プロジェクトマネージャーも自分です。成果を得られるのも自分です。

あなたも今日から「人生最強のプロジェクト」をスタートしてみてはいかがでしょうか?

目次

「ほめる」は最強のビジネススキル！

第1章　奇跡のスイッチを押したのは、たったひと言のほめ言葉だった

第2章　すべての問題は「ほめない」にあった

第3章　「ほめる」をイノベーションする

第４章　最強のビジネススキルを手に入れる「ほめるフロー」

第8章　シチュエーション別「ほめるスキル」を手に入れる！

第1章

奇跡のスイッチを押したのは、たったひと言のほめ言葉だった

◇「すみません」を「ありがとう」に変えたらトップ営業に！

ほめるスキルといっても、何か特別なほめ言葉のボキャブラリーを身につけるとか、相手の立場や関係によってほめ言葉を使い分けるとか、そんな難しいことではありません。この本で紹介するのは、「なんだ、そんなことか」というような、ごく普通のことや考え方ばかりです。

たとえば**「すみません」を「ありがとう」に変えただけで、営業成績が驚くほどに上がった**経験が私にはあります。損害保険会社で営業社員をしていたときの話です。

私は家業のガソリンスタンドのおやじでしたが、経営に行き詰まって45歳で外資損害保険会社の営業に転職しました。当然、歩合制の契約社員です。10年以上スーツを着たことも通勤電車に乗ったこともなかった私を拾ってくれるのは、そうした歩合制の営業しかありませんでした。

保険というと、縁故・知人に営業しそうですが、その会社は「縁故営業禁止！」。しかも個人向けではなく、企業向けの損害保険商品を売る完全新規の営業です。

飛びこみ訪問やテレアポで見込み客を探します。私は子どもが2人いて、マンションのローンを抱え背水の陣でしたので、必死に飛びこみ営業をしました。

現在は東京スカイツリーのある押上《おしあげ》のあたりを、毎日70社以上まわりました。

当然、そう簡単には契約をもらえません。保険契約の手数料収入が月2000円なんてこともありました。企業向けの損害保険商品は種類も多く複雑です。保険商品の勉強をしながら飛びこみ営業やテレアポを続けましたが、何か月も成果が出ないと、自分にはやはり無理なのかと思いはじめます。

そんなある日、私はオフィスで先輩や同僚のかける電話をなにげなく聞いていました。すると、売れる営業の先輩と、売れない私や同僚には、ある言葉の違いがあると気づいたのです。

売れる先輩たちは、お客さまとの電話で「ありがとうございます」をたくさん言っています。たとえその電話がお客さまからのクレームの電話であっても、「お知らせいただき、ありがとうございます」などと必ず使っています。

売れない私や同僚たちは、逆に「すみません」ばかりが目立ちます。お客さまからいいお返事をいただいている電話でも「すみません」を使っています。

日本人は、謙遜を美徳として「すみません」を使う傾向があります。ただそれは、いまの時代のお客さまにとって本当に心地よい言葉でしょうか？

「すみません、すみません」と頭を下げてばかりの営業と、「ありがとうございます」といつも感謝を伝える営業——。私たちがお客さまの立場だったら、どちらを信頼するでしょうか？

その日から私は、「ありがとう」を増やすことにしました。「すみません」と言いたいシチュエーションで「ありがとう」に変換できるものは全部変換してみました。

「お忙しい中、お時間をつくっていただいてすみません」

◀

「お忙しい中、お時間をつくっていただいてありがとうございます」

「ああ、わざわざ折り返しのお電話すみませーん！」

◀

「ああ、わざわざ折り返しのお電話ありがとうございますー！」

すると不思議なものです。それからほどなくして商談の回数が増えはじめ、契約に至る確率もどんどん高まり、半年もしない間に同期たちの中でトップとなり、新人賞も取り、全社的にも営業のトップ集団に入っていきました。

45歳の新人営業社員が「すみません」を「ありがとう」に変えた、ただそれだけのことから始まった奇跡です。

「ありがとう」は、最高のほめ言葉です。

誰かがしてくれた行為に対して、「ありがたいことです」「私には特別なことです」と感謝の気持ちをあらわすのが「ありがとう」です。

その人がしてくれた行為に対するほめ言葉であり、その人の存在自体に対するほめ言葉にもなります。相手の行為や、相手自身をしっかりと受け止めるのが「ありがとう」です。ですから、立場や年齢の上下にかかわらず誰にでも使える最高のほめ言葉です。

これに対して「すみません」はお詫びや謝罪です。

相手に面倒や迷惑をかけたと謝ること。これは相手に敬意を払っているようでいて、じつは、相手が好意でしたことを感謝として受け止めない。極端に言えば、相手の好意や相手との関係を拒絶することになってしまいます。

ほめるスキルとは、こんなちょっとしたことです。それは驚くような変化や成果を生みだします。自分にとって奇跡のような出来事が起こるのです。

あなたも今日から、エレベーターの扉を開けて待ってもらったときなどに、「すみません」ではなく、「ありがとう」にしてみませんか？

ご自身の印象も、周囲の雰囲気も、驚くほどにあたたかく変わって、思いもよらない奇跡が必ず待っています。

◇やる気のない高校生がアルバイトリーダーに大成長！

私がまだ東京の下町のガソリンスタンドのおやじだった頃です。

父が始めたガソリンスタンドを兄が経営しており、3店あるうちいちばん広いフルサービスの店の所長を私がしていました。

夕方の混雑時を支える戦力は高校生のアルバイトです。

あるアルバイトの女子高生。残念ながらやる気も見せず、笑顔も覇気もなく、イヤイヤながら時間を過ごしている様子。あの手この手で指導しますが、まだまだ私も、ほめるスキルを手にしていなかった頃だったので、まったくのお手上げでした。

ある日、彼女がお客さまの車のフロントガラスを拭くのを、私は給油をしながらなにげなく見ていました。

背の低い子だったので、少し背伸びをしながら拭いています。拭き方は上手ではありませんでしたが、隅の部分はやけにていねいに拭いているようです。

それを見た私は、とくにほめるつもりもなく、思ったことをそのまま口にしました。

「へえ、隅っこのほう、ていねいに拭くねえ」

そうしたら、いままで笑顔も見せたこともないその子が、ほんの少し口もとをゆるめて照れたように言いました。

「あっ、はい〜。お母さんが、掃除は隅っこだって言うんでぇ」

それを聞いた私は、今度もほめるつもりもなく、感心した気持ちをそのまま言いました。

「へえ、いいお母さんだねえ」

するとその子はその瞬間、いままで見せたことがない、花が開くような笑顔で、

「はい〜」

と笑ってくれました。

それから、その子は変わりました。

笑顔が増え、積極的になり、私の指示をしっかりと聞いて仕事も覚え、なんと、それから3か月ほどの間に、新人のアルバイトを教えるバイトリーダーの役割まで果たすようになったのです。

笑うと、じつは笑顔がとてもチャーミングだったその子は、お客さまの間でも人気者になりました。彼女を目当てに来てくれるお客さまも増えました。びっくりするくらいに私の店の雰囲気も変わったのです。

店にそんな奇跡のような変化を起こしたのは、

「へえ、隅っこのほう、ていねいに拭くねえ」

という私のたったひと言です。あとから思えば、それはほめ言葉だったのです。

この経験は私に、ほめることの大切さと、そこから奇跡が起こることを教えてくれました。

そして、このエピソードが私に教えてくれたことがもうひとつあります。

確かに、ほめ言葉で彼女のすばらしい成長を引き出せました。店にもいい影響をもたらしました。ただ、ひょっとすると、そのほめ言葉を口にするまでの私は、じつは彼女との間に壁をつくってしまっていたのではないか。

「この子は、こういう子」

と、勝手なレッテルを彼女に貼ってしまって、彼女をしっかりと受け入れず、彼女の可能性を封じこめていたのかもしれないと思い、大きく反省をしました。

「ほめる」とは、相手と自分の間にある、見えない心の壁や垣根を取り払うことでもあります。そして、ほめるスキルは、相手だけでなく、自分自身の成長も引き出してくれるのです。

◇アクションでほめても、奇跡は起こる！

「ほめるとは、価値を発見して、伝えること」と〝ほめ達〟ではお伝えしています。

ただし、その伝え方は、言葉でなくても大丈夫。伝わりさえすれば、表情や仕草などのアクションでもいいのです。

私は保険の営業時代、お客さま企業の社長への態度で、逆転大口契約を得たことがあります。

台東区のある企業にテレアポをしたところ、電話に社長が出られて怒られました。

「外資の保険会社は嫌いだ！　もうかけてくるな！」

電話の向こうで厳しいお言葉です。ただ、不思議とイヤな印象ではなかったので、私は、近くに行った際に思いきって訪問してみました。当然、また怒られます。

「外資は嫌いだって言ったろう。もう来なくていいから」

「ごあいさつだけでも」と言っても、名刺ももらえません。

とはいえ、会社内はきれいに清掃され、働いている従業員の方たちも、とてもていねいで、おだやかな方ばかり。社長は、きつい言葉を使っても、きっとステキな経営者なのだろうな、と思いました。

そこで何度もその会社に通い、「ステキな会社、ステキな社長ですね！」という気持ちを、表情やしぐさなど態度で示しました。

ずっと断られながらも、徐々に話を聞いていただけるようになり、半年ほどして、ようやく保険更新のコンペに参加させてもらえることになりました。３社コンペの内の1社です。

想像どおり、事業規模も大きな会社だったので、保険料も新人の私には相当大口の案件になります。その保険料の大きさの緊張感もありましたが、「ステキな会社、ステキな社長」と思ってきた企業にふさわしい提案を熟考しました。

いよいよわが社の提案の日、社長との面談で、

「これが私の考える最高のご提案です」

と提出すると、社長は、

「これでいこう！」

と即断してくださいました。びっくりする展開です。

「えっ？　あと2社の提案はもう聞かれたのですか？」

「いや、最初からあなたに決めていたよ。あなたは一所懸命で、うちをよく見てくれている。ただ、提案がよくなければ他の2社にも聞いたけどね」

「えええっ？　外資は嫌いだったのでは？」

「ああ、1回しか来ない営業は、みんな嫌いだ！」

そしてその社長は立ち上がって、

「これからよろしく」

と、手を差し出し、私と力強い握手をしてくれました。

ほめるスキルは、ほめ言葉が大切なのではありません。まずは、相手に向き合う態度が大切です。態度であらわせるのは、十分に相手をほめる気持ちがあるからです。言葉ではなく、表情や仕草などのアクションでほめても、奇跡はきっと起こります。

◇クレーム対応で最高のお客さまを獲得する！

ほめるスキルとは、ズバリ、「観察力」です。

目の前にあるものをしっかりと見る。ただそれだけでも、ほめることにつながり、びっくりするような展開が起こります。

私が損害保険会社の営業にも慣れ、成果を出しはじめた頃のことです。上司に、別の営業社員のクレーム対応を頼まれました。

ささいなことでお客さまとトラブルになり、「担当を変えろ！」となってしまったようです。じつはそのお客さまは、すでに担当者変更が3回目。気難しい社長としてチーム内でも知られる方のようです。私がその会社にうかがってみると、確かに気難しい感じの方。まして、トラブルのお詫びからなので簡単には打ち解けてくれません。ただ、お話を聞いていくと、社長は脱サラして起業し間もないとのこと。特殊な機器を使って建物検査をするお仕事です。目をつけたマーケットと技術がすばらしかったのでしょう、たいへん忙しそうです。

私は感心して社長の話にただただ聞き入り、たくさんの質問をしました。

話をしっかりと聞いて質問したりすることも、じつは観察力であり、ほめるスキルのひとつです。観察とは、目で見えるものに対してばかりではありません。**見えるもののの裏側の見えないものまで見ようとする。相手のすばらしさをしっかり知りたいと思って話を聞く。**これも大切な観察力です。

さらに私は、事務所を見まわしているうちに、少し不自然なことに気づきました。事務所のパソコンは4台なのに、プリンターが6台もあります。

「○○社長、プリンターが多いのも、お仕事柄なのですか？」

するとその社長は、少し目を大きくして、それまで見せてくれなかった笑顔でうれしそうに言いました。

「よく気づいたね。うちは隙間産業として需要がある。ただ忙しくて営業にまわれないため、お客さまに知ってもらえる機会がない。だから、毎月このプリンターで3000枚のDMハガキを毎度工夫して刷っている。それがいまの多くの受注につながっているんだ」

「へえ！　それはすごいですね！」

「うちの事務所のプリンターの多さに気づいたのはあなたが初めてだよ」

その社長は決して気難しい方ではなかったのです。

50歳を過ぎて起業し、苦労しながら創意工夫して毎日真剣勝負で頑張っている、その気持ちを汲み取ってくれる取引業者を求めていたのでしょう。6台のプリンターには、社長の思いが詰まっていたのです。

その社長はそれからすべての保険をわが社にまかせてくれる大口顧客となりました。

◇ほめるキャンペーンで販売実績が3割アップ！

私は、この保険会社で、営業社員からマネージャーを経て、かなり異例な取り計らいでしたが、49歳で契約社員から正社員となり、営業トレーナーをまかされました。後輩の育成方法などが認められたのでしょう。トレーナーとしての赴任地は大阪。職級はいきなり課長クラス、それも異例のようです。

私が認められた理由としては、**「減点法ではなく、加点法」**の発想で後輩を指導したからだと考えています。「こうしなきゃいけない！」「それじゃだめだ！」ではなく、「こうするといい！」「そこは、できているね！」という指導法です。これも、ほめるスキルのひとつです。

誰でも「なんでできないの？」などと、自分ができてないことばかりを減点法で言われつづけると、自分の人格まで否定されているような気分になり、だんだん気力をなくしてしまいます。私自身も営業でたいへん苦労してきたので、後輩に対し、加点法で、できたところをほめて、さらに進むべきプラス方向の道を示してあげるように、徐々にですが変わっていったのです。

私が大阪に単身赴任して営業トレーナーになったのは、リーマンショックの2年後。会社の業績は低迷していました。全国に500人を抱える営業部門も停滞ムードです。私がその停滞した空気を打ち破ったのも、ほめるスキルでした。

毎年、年度末には営業スキルの向上と販売実績アップのために、3か月間のキャンペーンがありました。このキャンペーンも2年続けて数字が落ちています。

そこで私は、志の高い先輩社員たちとともに、「ほめる！」を裏テーマとしてキャンペーンを展開しました。

▼3か月間毎朝、営業社員たちにメルマガを送り、今日も頑張る彼らをほめる！
▼自分たちが扱っている商品のすばらしさをほめる！
▼営業社員たちをサポートする課長やクラーク（事務スタッフ）の思い、取り組みをほめる！
▼営業部門500人全員の顔を入れたB全サイズのポスターを配布して、一人ひとりの存在自体をほめる！
▼全国の支社をテレビ会議で結び、成果を出した営業社員の行動やチャレンジをほめる！

すると2か月目あたりから、営業部門は活気づいて、その年の販売実績は対前年比130％をたたきだしました。ほめるスキルが、営業部門500人の心をも突き動かしたのです。

◇ほめるひと言で、3000人企業が活気づく

営業トレーナー1年目のキャンペーンで販売実績アップに貢献できたおかげか、裏テーマ「ほめる!」によるコミュニケーション能力を買われたのか、私はたった1年で大阪から東京に呼びもどされ、本社に配属されました。

まずは、営業部門の中枢である「営業企画部」で1年。職級も支店長クラスです。もともと契約社員の保険外務員が本社に入った例は、私で2人目という珍しさだそうです。さらに1年後には営業部門を離れて、会社全体の中枢である「経営企画部」に異動になりました。これは私が初めてだそうです。

そしてCEOや役員とともに3000人の企業（世界的には5万人の保険グループ）の全体にかかわる仕事をまかせられるようになりました。

ただし、この会社はアメリカの保険会社です。経営企画部門の私以外のメンバーの英語は、バイリンガル・レベルでした。私はまったく話せません。それでも、ほめるスキルでなんとかなるから不思議です。ただそれ以前に、そんな私を受け入れてくれた会社が本当に大きな度量を持っていたのだと、いまあらためて思います。

ところがやはり、リーマンショック後で、会社は業績を回復しきれていない頃。会社全体も少し行き詰まりの空気があったかもしれません。

このときのＣＥＯは日本人で、とてもすばらしい方でした。会社の業績回復のために、会社の戦略変更や構造改革、新商品開発、新システム導入など、いろいろな施策を打ちつつ、「社員の自信と誇りが何よりも大切だ」と言われました。

「３０００人の社員を、一度に動かしたり、気持ちを変えたりすることはできない。しかし、**目の前のたった一人ならば、大切にし、元気づけ、助けることができる。**すべての人が目の前のたった一人を救えば、世界を救うことだってできるのだから、目の前の一人にフォーカスしていこう」

すばらしい考え方です。それは、私が考えるほめるスキルとも完全に合致していました。

このすばらしいＣＥＯと、やはり志の高い本社や各地の先輩社員、同僚とともに、１年半にわたるプロジェクトが始まりました。

「社員の自信と誇りを取り戻す」――つまりは、一人ひとりの社員のすばらしさ、一人ひとりの仕事のすばらしさ、それぞれの部門や支店のすばらしさ、会社の歴史のすばらしさ、会社の未来のすばらしさ、それを探し求めるプロジェクトです。

このプロジェクトもやはり、「ほめる！」を裏テーマとして、全国の支社をテレビ会議で結んだり、メルマガやポスター、ありとあらゆる社内メディアを使ったり、さまざまなイベントを通して、じわりじわりと盛り上げました。

最初は当然、社員たちから、

「この忙しいのに！」

という声も上がりましたが、人材や仕事の価値に気づきだすと、

「やっぱり、いい会社だよね！」

という共通の思いが会社の空気となっていきます。

それが自信と誇りにつながり、３０００人が同じベクトルで仕事をするようになり、何年かぶりの目標達成となり、全社がプラスの意味でざわつきはじめました。

目の前のたった一人にフォーカスする。目の前のたった一人を大切にする。目の前のたった一人を救う。目の前のたった一人をほめる。そのことで、数千人を動かす奇

跡も起こるのです。

私はこのプロジェクトではずっと黒子、裏方スタッフに徹していましたが、あるとき本社に長くいる女性社員から、

「松本さんが本社に来てから、なんだかうちの会社が明るくなった気がします」

と笑顔で言っていただきました。数年前までガソリンスタンドのおやじだった私に、です。

◇ほめるスキルで年収が3・5倍に！

私は、ほめるスキルに気づいてから、年収がすぐに1・5倍、そしてその後3・5倍になりました。それも給与所得として3・5倍です。

営業社員として最初は鳴かず飛ばずでしたが、ほめるスキルに気づいてから成績を上げ、すぐにトップクラス。そこで認められ、契約社員のままですが営業マネージャーとしてチームを持つようになりました。そして正社員に登用され、営業企画部、さらに経営企画部へ移り、給与は毎年100万円以上、上がりつづけました。魅

力的な仕事仲間と「いいね、これ！　盛り上がるね！」などと充実した毎日を送ることができました。数年前まで東京の下町のガソリンスタンドで汗と油まみれで走りまわっていた私が、です。

仕事に貴賤なし。ガソリンスタンドの仕事も大好きでしたが、ほめるスキルがそれだけの大きな変化を起こすことができるということなのです。

当然ながら、上司にお世辞を言ったり、お客さまを気持ちよくするセリフで取り入ったりなどは一切しません。私はもともと、思ってもいないほめ言葉などは口にできないタイプです。

「ほめるとは、価値を発見して、伝えること」――ただそれを、毎日の一瞬一瞬に意識するだけで、私に起こったような奇跡を、いつでも誰でも手にすることができるのです。

第2章

すべての問題は「ほめない」にあった

◇目を見ない「おはよう」で、今日一日がゲームオーバー

朝のいつもの「おはよう」のひと言で、目の前の人のパフォーマンスを下げ、仕事を始める前から今日一日がすでにゲームオーバー、なんてことがあります。

逆に**「おはよう」のひと言だけで、目の前の人のパフォーマンスを上げ、チームワークがよくなり、すばらしい結果が約束される、**なんてこともあります。

このように、朝のあいさつにも、「ほめるあいさつ」と「ほめないあいさつ」があります。

ほめるあいさつについては183ページからをご覧ください。本当に簡単なスキルです。

一方、ほめないあいさつとは、どんなあいさつでしょうか?

じつは、誰もが普通にしていそうなあいさつなので、少し怖い話です。

たとえば、新人のA君が朝、会社に出勤します。A君はまだ仕事に自信を持てていません。それでも頑張ろうと朝早めに出勤してきます。会社の玄関前で深呼吸、そして元気に「おはようございます!」と自分のフロアに入ります。奥にはマネージャー

が座っていて、朝早い先輩が何人か、あちこちに座っています。

「おはよう」

「おはようございます」

誰もがパソコンに向かったまま、口もとだけでのあいさつ。誰もA君のほうを見ようともしません。

A君は、今朝も胸に重たいものを抱えながら、ひとり静かに自分の席につき、黙って仕事を始めます。仕事にも自信が持てない、職場で受け入れられている感じもしない。ここは自分の居場所ではないのか？　ふとA君は転職を考えはじめます。


私も営業マネージャーだった時代、まだまだほめるスキルをしっかりと手にしていなかった頃、やめさせてしまったメンバーがいました。そんな彼らは、なんとなく元気がなくなっていきました。私は、自分の朝のあいさつから、意識しなおすべきだったのだと反省しました。

自分の仕事の成果を出すためにパソコンに向かって集中する。それはそれでいいものの、朝のあいさつのほんの1、2秒、パソコンのモニターから目を離して、**しっか**

りと相手を受け止め、「今日も一日頑張ろうな」とアイコンタクトをとることはできたのではないか？　仕事がうまくいかない原因は、じつは、ほめないあいさつに象徴される態度にあるのです。

◇「ほめない生き方」は恐ろしい結末を呼ぶ

私が以前いた会社や、いま〝ほめ達〟研修でうかがう企業のとても優秀な社員たちが、ふともらす、気になるセリフがあります。

「なんか、達成感ないんですよね」

皆さん、本当に優秀なビジネスパーソンです。国立大学や有名私立大学を出たり、留学経験があったり、ＭＢＡ（経営学修士の学位）を取得していたり。もちろん、英語も堪能です。仕事ができますから、担当するタスク（業務）も多く、いくつものプロジェクトを同時にまわしていたりします。そして成果もきっちりと上げます。それまでの人事評価も高く、昇給も昇進もし、皆さん若くして高収入です。

そんな人たちが言う「達成感がない」。

おそらくそれは、給与や地位という報酬とは別の「心の報酬」が足りていないという意味だ考えられます。

成果に対する評価はされても、その成果を出すまでの**日々の挑戦・努力・変化・成長といったプロセスが認められていない。**毎日の行動に対する「プラス」のフィードバックがされていない。「成果を出して当たり前」ではなく、望む結果に至る行動が、じつはその人の毎日そのもので、人生そのものであるのですから。

「プラス」のフィードバックがされないわりに、「マイナス」のフィードバックはよくされるものだから困りものですね。

「なんでこんなことに気がつかなかったの？」

「進行遅いんじゃない？」

「クオリティ低いね！」

そんなことを言われつつ、相手が望む結果が出てもほめられもせず、

「はい、では次のプロジェクトいってみよう」

これでは、達成感がないのは当然だと言えるでしょう。心の燃料タンクの残量が、

どんどん減っていき、いつしか心のガス欠を起こしてしまいます。

「ほめる」とは加点法であり、「プラス」のフィードバックをすることです。ちょっとした労《ねぎら》いや、小さな感謝も同じです。そしてそれが、心の報酬となったり、心の燃料となったりします。

心の報酬や心の燃料は、上司から部下に手渡すものばかりではありません。目下の者から上の立場の人に渡すこともできますし、ビジネスで言えば、お客さまに手渡すこともできます。上質なサービスや心のこもったおもてなし、ちょっとした気遣いも、お客さまには心の報酬になり、心の燃料になります。だから、お客さまがあなたやあなたのビジネスのファンになる。

心の報酬、心の燃料とは、相手の心を満たしたり、ぬくもりやうるおいを与えたりすること。じつはとてもシンプルなことなのです。

私がよく行くクリーニング店は、デパートや駅ビルなどに入っている大規模店です。そこのある女性スタッフは、私が行くと、

「あっ、いらっしゃいませ！」

と、必ず「あっ」を付けてくれます。この「あっ」には、私を認識してくれているという意味が感じられますよね。駅ビル内の店ですから、たくさんお客さまが来る中で覚えてもらっているんだとうれしく思います。これも小さな心の報酬、そして心の燃料です。

お客さまに、商品やサービス以外にも、心の報酬、心の燃料を差し上げる。これは大きな付加価値になります。何よりもまず、人間関係がよくなります。

当然私は、そのスタッフやそのお店のファンになります。「ネクタイは、撥水《はっすい》加工にいたしますか？」などとすすめられれば、「はい、お願いします！」と言ってしまいますよね。

人間関係がよくなることは、すべてをウインウインにしていきます。

この逆を考えると怖くなります。商品やサービスは高品質でも、それをお客さまにデリバリーする担当者が、心の報酬や心の燃料を手渡すどころか、マイナス印象を手渡しているかもしれない。営業マネージャー時代初期の私のような「ほめないあいさつ」をしているかもしれない。誰もが一所懸命に仕事をしているものの、相手に心が向いていないとなれば、商品やサービスや仕組みや立地などが他社より圧倒的によくない限り、ビジネスがよくなることはありません。

「ほめない生き方」は、じつに怖いものなのです。

◇仕事はすべて〝貢献と満足の連鎖〟

「ほめられたくて仕事をするんじゃしょうがない！」

よく、経営者や上の立場にいる方から、こんなご意見もお聞きします。

さらには、最近の若者心理や、ＳＮＳの「いいね！」への依存などを引き合いに出して、「承認欲求ばかり強くなって！」などというお言葉も聞きます。


私は、そのお立場もわかるものの、「どうかな？」と思います。

そもそもビジネスとは、お客さまに「貢献」し、その貢献への対価をいただくことです。

ビジネスとは「他者への貢献」であり、対価である代金はその貢献への満足の表明、つまり、**お金は「ほめ言葉」**です。

「あなたの会社の商品が、私にとってもっともいいもの！」

というほめ言葉を、代金に代えてもらっているのです。

「貢献」と「満足」について考えると、従業員満足（ES）と顧客満足（CS）は、ガッチリとつながっていることに気づきます。

職場で「ほめる文化」をつくりあげることで従業員満足を実現し、それが顧客満足につながり、結果として売上がアップする。なぜなら、仕事はすべて〝貢献と満足の連鎖〟であるからです。

Aさんが「仕事」という貢献をする。それによってBさんが満足する。Bさんは、それを踏まえて仕事をする。そしてまた次の誰かが満足する。これが世の中の仕組みだとわかります。

だとしたら、その川上である従業員満足がない限り、顧客満足は実現できないことがわかります。〝貢献と満足の連鎖〟をどこかで切ってしまったら、もうその先の貢献にはつながらなくなります。

これをわからない上司は、「お客さま第一主義！」をスローガンに「なんでお客さまに笑顔で接客できないんだ！」と怖い顔で、部下にダメ出し指導をしてしまいます。

それがお客さまへの貢献のように思っているかもしれません。ですが、お客さまに使えない言葉遣いはすべて間違いです。

上司にとって自分のいちばん身近にいるお客さまは、目の前の部下や同僚なのです。

◇問題の発生源を、満足が湧きでる泉に変える

仕事上のスキルトレーニング、さまざまな業務改善、構造改革、戦略変更など、業績アップのために手を尽くしても、業績がいまひとつ上がらない。

もしくは、ドラスティックな方針で業績は上がっているものの、毎月のように離職者が出て、新人をずっと採用しつづけないと仕事がまわらない。

もしくは、離職者はさほどではないものの、社員に覇気がない。社内の人間関係にいびつさがある。ハラスメントや不祥事が起こる。

それらの問題を生みだす源《みなもと》が、じつは職場のどこかに隠れているのかもしれません。

従業員満足度の低さが、問題の発生源になっていることがよくあります。

従業員満足度の低さは、社内の「ほめない文化」から生じています。そこさえ解決すれば、すべてが好転しはじめます。心の報酬、心の燃料が湧きだして、〝貢献と満

足の連鎖〟が始まるのです。

〝ほめ達〟研修ですぐに売上が何割もアップしたり、離職率が下がったりする例は、じつはその問題の発生源を、満足が湧きでる泉に変えることができたからだ、と言えます。

また、この〝貢献と満足の連鎖〟の源流である最初の一滴、さらには湧きだす泉に、自分自身がなることもできるのです。

「ほめる」が最強のビジネススキルである理由が、そこにあります。

まずは自分が、ほめるスキルを手に入れることで、周りに対して心の報酬や心の燃料を手渡しつづける最初の一滴となる、湧きだす泉となるのです。

自分から小さなほめ言葉を発信したり、ほめる態度で相手に向き合うことで、周りの人たちをどんどん元気にすることができます。周りをどんどん輝かせることができます。

「けれど、周りばかり輝かせたって、自分はどうなるの？」

「自分は誰が輝かせてくれるの？」

この答えもシンプルです。周りをどんどん輝かせれば輝かせるほど、その照りかえしで、ほめることを発信したあなた自身がいちばん明るく、そして美しく輝きはじめるものなのです。

◇あなたにとっての奇跡が起こる！

「奇跡」とは、どんなことでしょうか？

それは、**「簡単には叶《かな》わない願いが叶うこと」「普通に努力したくらいではなかなか実現できないことが、現実となること」**ではないでしょうか。

▼ずっと悩んでいた社内の人間関係がウソのように解決した
▼地道にやってきた仕事が上司の目にとまって社内で大きく評価された
▼クレームをいただいたお客さまと、逆にいい関係ができて、リピートやご紹介までしてくださるようになった
▼伸び悩んでいた売上が一気に上がり、給与もぐんと上がった

▼会話がなかった家庭に会話も笑顔もあふれた
▼人生が変わるすばらしい出会いがあった
▼見たこともないきれいな風景を見た、一生忘れない旅行ができた
▼昔に比べてとても魅力的で幸せな自分になった

そうしたことが、私たちが起こしたい奇跡ではないでしょうか。

ほめるスキルを手に入れると、奇跡は日常的に起こります。


「なんで、あの場面で、あの人がサポートしてくれたんだろう！」

「どうして私がこのポジションに抜擢されたんだろう？　じつはとてもやってみたかった仕事！　誰が推薦してくれたのかなぁ」

「あっ、お叱りを受けたお客さまがまた来てくれた。しかも、お知り合いを連れて！」


そんな小さな奇跡と思えることをたくさん起こして、さらに大きな奇跡につなげる

ことができるのです。

◇わずか3か月で売上が6割上がった！

現在、私が専務理事を務める「日本ほめる達人協会」は、西村貴好《たかよし》理事長が2011年に設立しました。

その前身となる経営コンサルティングの会社があります。そこは覆面調査をする会社。調査員がお客さまのふりをして依頼企業の店を訪れ、顧客満足や売上向上のために改善すべき点を探す、いわばダメ出しをする会社です。

「もっとこうしたらお客さまが喜び、リピートやもう一品の購買につながりますよ！」と一所懸命に改善点をお伝えしても、売上アップにつながりません。

覆面調査を依頼する企業ですから、もちろん指摘した課題は改善してくれます。しかし他の問題点がまた浮上する。もしくは、一度改善された問題点がすぐにもとに戻る。そのくりかえし。ダメ出しでは、企業も、人も成長しませんでした。

それどころか、改善点を指摘されているときの経営者や店長は、緊張で首から肩までパンパンに凝《こ》り、額《ひたい》には脂汗が浮き出ています。これでは、前向きに改善しようという気持ちにもなりづらいもの。となれば、ビジネスがよくならないうえに、その下で働く従業員の精神衛生上もよろしくありません。

経営コンサルティングの会社としては、依頼企業の成長や満足につながらなければ存在価値がありません。そこで、ダメ出しではなく、方向を真逆に変えて〝ほめる覆面調査〟に転換したのです。

調査員がお客さまのふりをして店を訪問するのは同じですが、とにかくそのお店のすばらしいところを探します。たとえお客さまにとって当たり前のような対応であっても、その当たり前のようなことを従業員がしっかりとこなしているところに価値を見つけて、

「とてもていねいに対応されています！」

と、ほめるレポートを作って提出することにしました。

ところが、人間はダメ出しが本能です。調査員は問題点に目が行きます。ほめようとしているにもかかわらず、ダメ出し箇所を先にたくさん見つけてしまいます。ただ、見つけた問題点について全部はお伝えしないようにしました。

まず、しっかりとほめます。

「ステキな笑顔で迎えてくれました！」

「清掃が行き届いていました！」

しっかりと、ほめるところを伝えてから、さらにアドバイスとして、

「あと、惜しいところが、ここでした！」

と、**すぐに改善できて、しかも効果の高いことをいくつかお知らせする**ようにしたのです。


すると、それこそ〝ほめる奇跡〟です。

「惜しい」とお伝えしたところだけでなく、お伝えしていない問題点までが自主的にどんどん改善されていく、ということが始まりました。

〝ほめる覆面調査〟の最初の成功事例は、いまは上場企業となった大阪創業の焼き鳥チェーン店です。その十数店舗で、ほめる調査と研修をしたところ、わずか3か月で、売上の対前年比が平均で１２０％、最大１６１％にまで伸びました。売上が２～６割アップしたのです。

もちろん、それまでも頑張ってきたスタッフたちですが、ほんの小さなほめ言葉が、奇跡のスイッチを入れたのですね。

◇〝ほめ達〟研修で残業がゼロに！

数年前、宮崎県のある企業が〝ほめ達〟研修を導入しました。

先代が40年前に立ち上げた製造建設業。大きな装置を自社工場でつくり、プラントなどに据え付けまでします。鉄鋼溶接など、いわゆる職人気質《かたぎ》の仕事です。従業員は30人ほど。年間売上は5億円ほどでしたが、赤字が続いていたといいます。赤字の原因は、製品の不具合の修理やメンテナンスにかかる材料費や出張コスト、それにともなう残業などの人件費でした。そんな厳しい状況の中、息子さんが二代目として経営を引き継ぎました。そして息子さんはさまざまな施策のひとつとして、いち早く〝ほめ達〟研修を導入したのです。

職人さんは自分の仕事に集中します。それは、とてもすばらしいことです。ただ、二代目は、もっと職人同士がそれぞれの仕事に関心を持ち、敬意を払い、会社全体で一つひとつの受注に向き合うことを目指していました。

従業員全員がそれぞれをほめてみようと、ほめ言葉を入れるポストを設置したり、朝のあいさつをひと言で終わらせずに、

「おはよう、今朝は冷えこんだねえ！」

などと**「ふた言あいさつ」**（183ページ参照）を奨励していくと、30人ほどの会社ですから、何か月もせずに会社の雰囲気がガラッと変わりました。

休憩時間に背中を向けてタバコを吸っていたような職人さんたちが笑顔で歓談するようになり、目も合わせず仕事をしていた別のチームが笑顔でアイコンタクトをとるようになりました。

「なんか、会社の雰囲気が変わりましたね！」

来社した元請け業者さんに言われるほどです。

「この雰囲気の会社なら仕事もまかせたい」

と、受注はどんどん増加。従業員のベクトルがそろい、チームワークがよくなることで不具合が減り、納期も早くなりました。

わずか2年半で、売上がなんと倍、しかも残業ゼロ。毎年いた離職者がなくなり、従業員の人数はそのまま。従業員は残業代で稼げなくなりましたが、その分、昇給や

ボーナスとなって戻ってきます。

また、重い鉄板などを扱う仕事ですから、作業中のケガなどの労災事故につねに気を遣ってきましたが、そこにも変化が起こりました。

収入も増え、残業がなく、早く家にも帰れるので、従業員の皆さんの心が安定し、ヒューマン・エラーが減って労災事故もゼロになりました。

「**心理的安全は、作業の安全にもつながる**のですね。さらにさらに、ストレスが減ったおかげか、仕事帰りにパチンコに寄る人もいなくなりました」

二代目がオマケのように笑顔で話してくれました。

一見、ほめるのが苦手に見えた職人さんたちですが、むしろそんな方たちこそ、ほめるスキルを手に入れると、びっくりするほどの奇跡も起こせるのですね。

◇職場の風通しがよくなった！

〝ほめ達〟研修を導入した企業や職場で起こった奇跡のような出来事は、業種や業態、地域や従業員の世代にかかわらず、ほかにもたくさんの報告をいただいています。

「職場に活気が出た」
「笑顔が増えた」
「従業員の関係がとてもよくなった」

人や仕事の価値、魅力や強みを見つける視点に立つことで、驚くほどに人と人との関係性がよくなり、仕事への取り組み方も積極的になります。

そして、これも多く報告いただくのが「離職率が下がった」です。

離職の理由の多くは、仕事が合わないのではなく、職場が合わないことにあります。また、不満ではなく、不安なことにあります。職場が自分にとって「安心な場」で、その仕事を通して自分が成長したり、誰かに貢献できている実感を持てるようになると、職場が自分にとって大切な居場所になります。その居場所づくりも、ほめるスキルで実現できます。

このような従業員満足（ＥＳ）は顧客満足（ＣＳ）につながり、「やりがいを持って働いていたらお客さまに支持され、結果的に売上が上がった」という報告もたくさんいただいています。

また、こんな興味深い事例も。

航空会社のスカイマーク社が、２０１７年、１８年と2年続けて、国内における定時運航率ランキング第1位を獲得しました。定時運航率とは、全体の便数に占める出発予定時刻以降15分以内に出発した便数の割合です（15分以内の遅延は「定時」とみなされます）。スカイマーク社はＬＣＣ（ロー・コスト・キャリア）ですから、普通に考えれば遅延もしかたなしと思われそうですが、この快挙！

さらにご承知のように、２０１５年には民事再生法の適用を受けた企業ですが、わずか2年で再生を果たし、定時運航率ランキングトップにまで躍りでたのです。これについては、スカイマーク社の市江正彦社長が、次のように語っています。

「航空会社の総合力は風通し」「風通しがよいというのは、単に社員同士が仲良くすることではない。『安全や安心のために大事なものは何か』について、少しでも〝おかしいな〟と感じたら率直に言えることだ」（DIAMOND ONLINE 2018.2.19）

その**「風通し」をよくするために〝ほめ達〟研修が有効だった**とも語ってくださっ

ています。

ビジネスに推進力を与える意思疎通。その根幹を支えるのも、ほめるスキルです。

第3章

「ほめる」をイノベーションする

◇「ほめたくない」シンドローム

アドラー心理学では「ほめてはいけない」と言っています。

この「ほめてはいけない」という言葉にとまどう方も多いようです。

アドラー心理学はすばらしい考え方です。人間関係をよくし、自分の心を整え、人生の意味を見つけるためにたいへん有効で、私もたくさん学ばせてもらっています。

「ほめてはいけない」について考えてみましょう。

アドラー心理学では、「ほめるという行為には、『能力のある人が、能力のない人に下す評価』という側面が含まれる」と言っています（『嫌われる勇気』岸見一郎・古賀史健著、ダイヤモンド社）。そこには上下関係が存在するということです。

よく、「ほめると調子に乗るんじゃないの？」という声を聞きます。これがまさしく、上からの評価として「ほめる」を使っている場合です。

まだまだ伸びしろがあるのに、「いいねえ！　すごいねえ！」と評価してしまったら、「あなたは満点です！」という合格証を渡してしまうようなもの。言われた相手は「ああ、私はもう評価された。これで十分なんだ！」と思って、成長を止めてしまうかもしれないからです。

さらにアドラー心理学では、「ほめるとは、相手を操作（コントロール）することだ」とも言います。

相手に望む結果を出させたくて、こちら側の都合で評価する。

子どもに勉強させたいから、勉強ができたらほめる。「たいへんよくできました」のスタンプを押す。すると子どもは、もっとほめられたくて、「たいへんよくできました」のスタンプが欲しくて、また勉強する。

あるいは、部下に仕事をさせたいからほめる。

わかりやすく言えば、これらは、**ほめる側の下心**ですね。

評価することが悪いわけではありません。客観的な評価は必要です。ただし、下心でほめられても、相手にとってうれしいわけがない。

しかし自分も、下心でほめたり、ほめられたりした記憶がある。だから、「ほめるのはどうか?」と思ってしまう。

いつのまにか私たちは、

「〝ほめる〟って、どこかに下心があるよね」

「『たいへんよくできました』は、『もっと勉強しろ!』もしくは『もっと働け!』の意味だよね」

などと、心の奥底に刷りこまれてしまっているのかもしれません。

「ほめたくない」シンドロームは、上からの評価や下心の「ほめる」が残したものなのでしょう。確かにここに、ほめることの危険性があるのです。ほめ言葉を、評価や下心で使うのであれば、アドラー心理学が言うように「ほめないほうがいい」と言えます。

「いったい、ほめたほうがいいの? ほめないほうがいいの? どっち!」

困ってしまいますよね。

「ほめたほうがいい!」と言う人と、「ほめるのはよくない!」と言う人は、じつは違う意味合いで「ほめる」をとらえているのです。

ここに、「ほめる文化」がまだまだ定着していない理由が隠されています。

◇「旧型ほめる」から「新型ほめる」へのイノベーション

「ほめる」には、「旧型ほめる」と「新型ほめる」があると言いました。

じつは、アドラー心理学が否定した「ほめる」こそが「旧型ほめる」です。

旧型ほめるとは、上から評価することであり、それによって相手を操作することです。以前は、そうした「ほめる」の使い方が主流だったかもしれません。たとえば、『広辞苑』（第七版）の「ほめる」の項を見ても、やはり評価の意味になっています。

『（同等または目下の者の）行いを評価し、よしとしてその気持ちを表す。たたえる。賞讃する』

『傑出してすぐれていると認める意』

もちろん、旧型ほめるがすべて間違っているわけではありません。客観的な評価も必要です。相手の行いをよくできていると評価して、たたえることも大切なこと。

ただし、**評価とは、誰かと比べること**。

人よりもいい結果を出さなければ、永遠にほめられなくなってしまいます。そして、結果だけを比べてほめたたえるのであれば、ただ、いい結果をほめていることになってしまいます。

結果ではなく、思いや努力をほめて、みんなを元気にしていきたい。
そして、みんなでいい未来を手に入れたい。

これが「新型ほめる」です。

誰かと比べたり成果を出したときだけの評価や下心ではありません。お世辞やおだてることでもありません。その人が成果を出すまでの日々の挑戦・努力・変化・成長といったプロセスをほめるのです。

このように、「ほめる」の意味自体をイノベーションしなくてはなりません。

私たちは「旧型ほめる」から離れなくてはなりません。そして「新型ほめる」を手に入れて、そのほめるスキルを私たちのビジネスや日々の暮らしに活かし、相手も自分も元気にし、自分自身もイノベーションしてしまいましょう。

◇ヒントは「ほめられた記憶」にある！

では、「新型ほめる」の定義は何でしょう？

私が〝ほめ達〟研修やセミナーでよくするワークがあります。

自分が『ほめられた』と思った記憶を書きだしてみてください。

（制限時間：１～２分）

どうでしょう？　ほめられた記憶には、どんなものがありますか？

どんなささいなことでもかまいません。子どもの頃のことでもかまいません。両親や、先生や、友だちや、部活の先輩や、もちろん上司でも、お客さまでも、あるいは部下からでもいいので、あなたがほめられたと感じたときの、その言葉を書きだしてみてください。「あれって、ほめられたんだ」と、かすかにでも残っている言葉でかまいません。

すでに1000人を超える方々にこのワークをしていただいていますが、面白いことに、私たちが「ほめられた」と思うのは、成績が上がったとか、すぐれた結果を出したというときばかりではないのだと気づきます。つまり、評価でたたえられたような場合ではないことが非常に多いのです。

「残業してたら、違う部署の人に『いつも遅くまで頑張ってますね』と言われて、あれ、見てくれていたんだと、なんだかうれしくなりました」
「部活のバスケの試合で負けたのに、後輩に『先輩、かっこよかったです』って言われたとき、なんだか、ぐっときました」

「実家に寄ったら母親が、私が疲れた顔をしていたのか、『あなたはいつも頑張るからねえ』なんて言われて、『頑張ってるのかな、自分?』と思いながら、うれしかった」

「友だちにこのあいだ、『その気持ちわかるわあ』って言われて、なんか元気になったことを思いだしました。友だちはほめたわけじゃないんでしょうけれど」

「上司が作った企画書に誤字を見つけて、『違ってますよ』と伝えたら、『うわ、助かった! ありがとう!』と言われたのが、とてもうれしかった」

「小学校の体育で、逆上がりがようやくできたときに、先生が『よかったなぁ!』とすごく喜んでくれたのが、ほめ言葉を言われたわけじゃないのに、うれしかった」

「髪を切ったら、『似合うね』と言われて、『かわいいね』じゃなかったけど、うれしかった」


これらの例にも、かすかに評価の香りはするかもしれません。

「頑張っているね」「かっこいいね」——そこに評価の要素がまったくないとは言えないものの、これらの言葉をかけてくれた人たちの思いは、相手に対する評価というよりも、**相手を認めることや、好感や、応援や、感動や、喜びや、尊敬や、感謝**といった、その人だけを見て心からあふれでた純粋な気持ちがほとんどではないでしょうか。

このように、自分が「ほめられた」と感じた記憶の中に、「新型ほめる」の定義のヒントがあります。

ここ数年、多くの人たちが、評価の意味ではない「新型ほめる」を使いはじめています。なぜでしょう？

それは、誰かと比べたり成果を出したときだけの評価や下心ではないほめ言葉をもらうことで、自分が元気になった記憶があるからです。また、自分はほめ言葉のつもりもなくかけたちょっとした言葉によって、相手が元気になった経験をしたからです。

「新型ほめる」の定義は、**相手を元気にすること**なのです。

アドラー心理学では、「評価」や「操作」は否定していますが、一方で「勇気づけ」や「他者への貢献」をすすめています。

まさにこれが「新型ほめる」が目指すところです。

相手を勇気づける。元気にする。
相手に貢献することを通して、自分が幸せになる。元気になる。

アドラー心理学では「貢献感」と呼び、「幸福とは、貢献感だ」とも言っています。

評価や下心の「旧型ほめる」は自己満足にすぎませんが、「新型ほめる」は相手を元気にして、さらに自分も幸せになれます。

ビジネスでの成功も、「いかに他者に貢献するか」にかかっています。

ビジネスでの他者とは、部下や同僚や上司、ビジネスパートナーやお客さまであり、それを含む社会全体です。そこに貢献することで、ビジネスの成果につなげつつ、お金だけではない幸福も手に入れていく、これが「新型ほめる」です。

先の「ほめられた記憶」を思いだすとわかるように、「新型ほめる」には上下関係がありません。相手を認めることや、好感や、応援や、感動や、喜びや、尊敬や、感謝は、立場の違いによらず伝えられるもの。まさに対等な関係です。

どんな相手とも良好な関係をつくりつつ、つねに誰かに貢献し、結果としてビジネスでも成果を上げ、物心ともに幸せになる、それが「新型ほめる」です。

◇〝ほめ達〟が言う「ほめる」とは？

この「新型ほめる」、ニュータイプの「ほめる」を追求しているのが、「日本ほめる達人協会」、すなわち〝ほめ達〟です。それが、ほめるスキルです。

何度も言いますが、〝ほめ達〟は「ほめる」を次のように定義しています。

「ほめる」とは、価値を発見して、伝えること。

さらにここからが重要です。価値を発見する対象は3つあります。

人・モノ・出来事

「えっ？　〝ほめる〟って、人に対してだけじゃないの？」

と思われるかもしれません。もちろん、「人をほめる」は、ほめるスキルの中でいちばん重要なスキルです。ただし、それだけでは十分ではありません。そして、この本のタイトルである「最強のビジネススキル」にはなりません。

「モノや出来事もほめる」——もうそこには、下心による操作などは存在しなくなります。「旧型ほめる」を完全に突き抜けたのが、〝ほめ達〟の言う「ほめる」なのです。

アップル社の創業者スティーブ・ジョブズは、アイフォーンで「電話」を再発明しました。〝ほめ達〟は「ほめる」を再発明したと言えるでしょう。

自分の周りに存在するもののすべてに価値を発見するわけですから、**「ほめる達人は、価値発見の達人」**とも言えます。

すべてに価値を発見するとは、いま自分が持っているリソースを最大限に活用することです。それは、自分のパフォーマンスを最大にすることにつながります。つまり、いま出せる最大の成果を出しつづけることを可能にするのです。

◇「当たり前」は、じつはありがたいこと

価値発見の達人になろうとした瞬間に、自分の認識や世界観が革命的に変わります。

それはそうです。自分の周りの存在すべての価値に気づきはじめるのですから！

昨日と同じ会社の部下や上司の価値に気づき、魅力や個性や将来性を見つける。昨日と同じ街の風景や身のまわりのものに価値を見つける。日々起こる出来事に価値を見つける。すると、ふとしたことにもビジネスチャンスが見つかる。まるで、いままで目隠しされていたかのような驚きを感じます。

まさに、**当たり前だったことの中に価値が見つかる**のです。

じつは、私たち〝ほめ達〟が怖いと思っている言葉があります。

それが、この「当たり前」です。

「この仕事は指示書どおりできて当たり前」
「システムがいつもどおり稼働していて当たり前」
「帰ったら、ごはんができていて当たり前」
「子どもは勉強するのが当たり前」

そんなふうに「当たり前」と言ってしまった瞬間に、その向こうで頑張ったり努力したりしている人の姿や、モノのありがたさが見えなくなってしまう。感謝すべきことが隠れてしまう。魅力が見えなくなってしまう。

「ありがとう」の反対の言葉は「当たり前」と言えるでしょう。

「当たり前」を実現するためにどれだけの頑張りや努力があるかに気づき、そこに価値を見つけ、**「当たり前は、じつはありがたいことだ」**と気づく。これだけでもう、ほめるスキルを手に入れたことになります。

そして、昨日まではまったく違った価値を見つけ、「価値を活かす達人」となり、日々の暮らしをすばらしいものにするだけでなく、究極のビジネススキルを手に入れられるのです。

◇減点法ではなく、加点法で見る

「美点凝視」という言葉があります。

相手の短所や欠点に目を向けるのではなく、長所、すばらしいところに目を向けよう、ということです。

「減点法ではなく、加点法で見る」――。まさに〝ほめ達〟が言う「ほめる」も、この考え方です。

相手の欠点や弱いところに本能的に目が行きます。これは、動物の生存本能のひとつかもしれません。原始の時代から、生き残るために獲物を捕ったり誰かと戦ったりするには、相手の弱点を見つけなければいけませんでした。

また一方で人間は、周りの人と共存するために、相手の弱いところを補おうとしたのかもしれません。さらにはビジネスや日々の暮らしの中で、「問題点を見つけて解決する」ためのダメ出しは欠かせない能力です。

ただ、この減点法やダメ出しばかりで周囲を見ていくと、できて当たり前となり、できたことの価値が失われます。

マイナスばかりに目が行き、プラスが見えなくなってくる。そのうちになんだか周囲が無価値に見えはじめる。元気がなくなる。活気がなくなる。仕事のパフォーマンスも下がり、負のスパイラルに巻きこまれてしまう。

だから、加点法で見る。美点凝視する。できているところを見つける。すると、そこに価値があることを発見します。

場合によっては、相手も気づいていない相手の魅力や長所、すばらしい可能性にまで気づくことができる。**人だけでなく、モノや出来事の魅力や長所、すばらしい可能性にも気づくことができる。**部下やチームのメンバーのポテンシャルを引き出したり、停滞しているビジネスの可能性を見いだしたりすることができる。家族や大切な人の魅力に気づき、その魅力を引き出すことができる。

どうでしょうか？　そんなことができるほめるスキルを手に入れて、「ほめる達人」となったあなたは、間違いなく周りから大切にされる人になります。そばにいてほしい人になります。欠かせない存在になります。

ほめるスキルでいちばん幸せになるのは、自分自身なのです。

◇給与や待遇には代えられない「心の報酬」

私が企業研修や経営者の皆さん向けの講演会で、必ずお話しすることのひとつが「心の報酬」です。

いま、企業にとっては「人材」がいちばん大切になりました。日本では労働人口が減っていく中で、人材確保と人材育成がいちばんの課題となっています。

企業は人材にもっとも力を入れています。管理職やリーダーたちも、採用や育成に必死です。それでも、離職率が下がらなかったり、幸せになるために働きに来た職場で心を傷めてしまったりする従業員がいる。現場の従業員たちが疲弊してしまっている。そこで私は、給与や待遇ではない、もうひとつの報酬、つまり「心の報酬」の必要性を伝えています。

心の報酬とは大きく2つ——**「成長の実感」**と**「貢献の実感」**。

人が持つ、成長欲求や貢献欲求が満たされるようにすることです。

「自分はこの職場で成長できている」という実感。「以前より、これだけ成長した」「課題だったことをクリアした」「新しいスキルを手に入れた」「これからも自分は、この仕事や職場とともに成長していける」というのが、成長の実感です。

また、貢献の実感とは「自分は誰かの役に立っている」ということです。まさに、他者への貢献。お客さまから直接「ありがとう」と言われる職種でなくても、何かを通してお客さまの役に立っていたり、地域や社会の役に立ったり、他の部署の誰かの役に立ったり、上司の役に立ったりしている、という実感です。

この2つは、なかなか自分では実感できません。それを実感できることが、心の報酬になります。

さらに言うと、先の「ほめられた記憶」の中の「頑張ってるね」と応援されたり、労《ねぎら》われたり、ちょっと認めてもらったりするだけでも、心の報酬につながります。

ところが、その**労いのひと言**も「当たり前」の闇の中で忘れられてしまいがちです。いまは、「当たり前」の要求レベルも高くなっています。

たとえばコンビニでは、レジにお客さまを3人以上並ばせることなどほとんどなくなっています。だから3人も並ぶと、なんだかイライラしてしまいます。

けれども、お客さまを待たせない――、このサービスは「当たり前」には実現できないことですよね。

そのサービスのレベルの高さが、どれだけお客さまの快適さに貢献しているか、そうしたことを働く人に実感してもらうのが、心の報酬です。

心の報酬は、上司から部下へばかりでなく、部下から上司へも手渡せます。お客さまへ手渡すこともできます。お客さまが働く人へ手渡すこともできます。

報酬といっても、上から何かを施《ほどこ》すとか、与えるということではありません。小さな感謝でも十分です。

ほめるスキルにとって、この心の報酬はとても重要です。重要だけれども、とても簡単です。

「ありがとう」のひと言だけでも、オッケーなのです。

心の報酬をちょっと意識して、ほんのひと言「ありがとう」と言ってみると、一瞬にして相手との関係性が変わります。びっくりするほど職場の空気が変わります。

たとえば、飛行機の中で飲み物のサービスを受けるとき、キャビンクルーの最高の笑顔のサービスに対して、大半の人が無言で飲み物を受け取るだけ、それがいまの日本です。

そこで目を合わせて、小さくでも「ありがとう」と言うと、キャビンクルーもさらにステキな笑顔を見せてくれます。心の報酬を与えるというのは、こんなささやかなレベルでいいのです。その習慣がビジネスのさまざまなシーンに影響します。

「ありがとう」が言える人と、言わない人——あなたならどちらを、ビジネスパートナーに選びますか？

「ほめる」とは、普段、無意識にしていることをちょっとだけ意識してみること。「ありがとう」のひと言だけで始まる、簡単で、そして驚くほどの展開を生みだす、奇跡のスキルなのです。

第4章

VV

最強のビジネススキルを手に入れる「ほめるフロー」

◇キックオフ！　たった一人で始められる最強プロジェクト

さあ、ここからが、奇跡のような成果を手に入れる最強プロジェクトのキックオフです！

簡単です。88ページに3ステップの「ほめるフロー」を紹介します。どこから始めてもオッケーです。

ただしプロジェクトですので、たどり着きたいゴールだけはしっかりと見据えて進めていきましょう。

◇あなたが目指すゴールは？

まずはゴールの設定です。

長期的なゴールでも、短期的なゴールでもかまいません。

▼「ほめる達人」になりたい！

▼営業成績を上げる！

▼お客さまとの関係をよくする！
▼チームのメンバーを元気にして、パフォーマンスを上げる！
▼離職率を下げる！
▼ステップアップする！
▼仕事を通して社会に貢献できる人になる！
▼すばらしい人たちとのネットワークをつくる！

もちろん、プライベートなゴール設定もありです。

▼夫婦関係をよくする！
▼いい子育てをする！
▼モテたい！
▼婚活を成功させる！
▼地域の人といい関係になる！
▼幸せな人生を送る！

▼自分の使命を見つける！

ゴールとして設定するものは、「なりたい自分」でもいいですし、いま、あなたが抱えている課題の解決でもかまいません。左に書いてみましょう。

私が目指すプロジェクトのゴール

さて、あなたが設定したゴールと、ほめるスキルがすぐにはつながらないと思うかもしれません。それでも大丈夫です。

ひょっとすると、自分のゴールがいますぐ明確にならない場合もあるかもしれません。もちろん、それでも大丈夫です。

「なんとなく、よくなりたい！」

それで十分です。ほめるスキルを身につけることによって、数年後にはきっと、思ってもみない、びっくりするような幸せを手に入れているはずです。

私たちが直面するほとんどの課題は、「人間関係」と「人間力」で解決できてしまいます。人間関係と人間力を一気にアップグレードしてくれるのが、まさに、ほめるスキルだからです。

さあ、すぐにキックオフです！

◇ほめるフローで、順番にほめるスキルを手に入れる！

ほめるフローは、大きく分けて3ステップです。

人をほめる　▼　モノをほめる　▼　出来事をほめる

どれから始めてもかまいませんが、実践のしやすさはあります。できたら、この順番で取り組んでみてください。

ほめるフロー

◉ファースト・ステップ「人をほめる」

【自分をほめる】

▼

【他人をほめる】

◉セカンド・ステップ「モノをほめる」

◉サード・ステップ「出来事をほめる」

◇ほめるときの５Ｗ１Ｈ

いざ、ほめるとなると、「何を？（ＷＨＡＴ）」「どう？（ＨＯＷ）」、そして「誰が？（ＷＨＯ）」「いつ？（ＷＨＥＮ）」「どこで？（ＷＨＥＲＥ）」「なぜ（ＷＨＹ）？」など、５Ｗ１Ｈが気になりますよね。新型ほめるにとっては、これらは重要であったり、それほどでもなかったりします。

なぜなら、**〝ほめ達〟がオススメする「ほめる」とは生き方であり、在り方**です。ですから「誰でも」「いつでも」「どこでも」ほめるのが当然。ならば、「出もの、ホメもの、所嫌わず」（きれいな例えではないですが）で、なんでもほめてしまいましょう。

とはいえ、ほめるフローに入る前に、ここで「ほめるときの５Ｗ１Ｈ」について、少し解説しておきましょう。

◉何を？（ＷＨＡＴ）・どう？（ＨＯＷ）

まず**「何を？」「どう？」ほめるのかが、ほめるフローでは重要**になります。

ほめるとは、人・モノ・出来事の価値を発見して、伝えることです。

ですから「何を」は「人・モノ・出来事」になりますが、具体的に「人の何を？」「モノの何を？」「出来事の何を？」が気になるところですよね。

そこで左ページに挙げたように、❶見た目、❷結果、❸行動、❹貢献、❺存在という5つのタスクで考えてみることにしましょう。

「どう？」は、ⓐ認める（共感）、ⓑ好感、ⓒ応援、ⓓ感動・喜び、ⓔ尊敬、ⓕ感謝の5つに当てはめて考えるとわかりやすいでしょう。

この順番どおりに進めなくてはならないということではありません。こういうふうに分けることができるのだと、ほめるスキルを理解していただくことが狙いです。ただ、どちらも簡単なものから並べています。❶から❺へ、ⓐからⓕへ、先に進むほど、相手の心に響きやすくなります。

◉誰が？（WHO）

目下の者が上の立場の人をほめるのは失礼だという意見があります。上から評価する旧型ほめるの場合は、確かにそうでした。

何を（ＷＨＡＴ）ほめる？

- タスク❶　見た目をほめる
- タスク❷　結果をほめる
- タスク❸　行動をほめる
- タスク❹　貢献をほめる
- タスク❺　存在をほめる

どう（HOW）ほめる？

ⓐ 認めてほめる（共感）

ⓑ 好感でほめる

ⓒ 応援してほめる

ⓓ 感動・喜びでほめる

ⓔ 尊敬してほめる

ⓕ 感謝してほめる

たとえば、部下が上司に対して、

「うんうん、あなた、よくできていますね」

などと言ったら、たいてい失礼に思われます。

「キミ、なんで、上から！」

上司にそう思われてもしかたないですね。

一方、**新型ほめるは目下から目上にも使うことができます。**認める（共感）、好感、応援、感動や喜び、尊敬、感謝の表現だからです。臆することなく、**積極的に誰でもほめてしまいましょう。**

マネージャーが従業員に対して、チームリーダーがメンバーに対してばかりでなく、メンバーがリーダーを、従業員がマネージャーを、さらには同僚同士が、ほめあっている企業はステキですよね。

ただ、企業が私たちに〝ほめ達〟研修を依頼してくる場合、経営側や管理職、チームリーダーが部下をほめるケースを想定されていることが多いのは事実です。

源流である川上や風上から「ほめる文化」を浸透させたほうが、全体に伝わりやすいのは言うまでもありません。

◉いつ？（WHEN）

「ほめる」というのは、プラスのフィードバックですから**「即時！」が基本**です。

アメリカの心理学者、ミハイ・チクセントミハイによれば、フロー状態（スポーツなどで言うゾーン体験）に入るためには、直接的で即時的なフィードバックが条件のひとつとなっています。

自分の行動に対して、即時にプラスのフィードバックがもらえると、それが元気を生みだし、さらに行動するための勇気となります。

時間が経ってからほめられて、じわじわとうれしくなることも、もちろんありますが、**ほめ言葉にも鮮度があります。**また、渡しそびれたほめ言葉の9割は忘れてしまったりするものです。新鮮なうちに、ぜひ伝えてあげたいですね。

とくに子育ての場合、ほめるのは「即時！」が鉄則です。何か一所懸命にやったことを、あとでほめてあげても、子どもはもう次の一所懸命に移っていますから、何をほめられたのか、ピンとこなくなって当然ですね。

◉どこで？（WHERE）

私は、「ほめる」をポータブルなスキルと呼んでいます。

ほめるスキルは、ビジネスのスキルとして学んでも、家庭に持ち帰って使うことができるからです。さらに大切な誰かと過ごすときに使えば効果絶大！

逆に言えば、家族やいちばん大切な人に対して使えるスキルですから、ビジネスで活かせて当然、**どんな場所でも有効**です。

私が企業で〝ほめ達〟研修をして最後にアンケートを書いていただくと、必ずと言っていいほど書かれる言葉が「さっそく家でやってみます！」です。企業研修では、なかば義務で参加されている方もいて当然ですが、参加された皆さんが自分ごととして聴いてくれていることがわかります。

また、ほめるスキルのトレーニング場として魅惑の場所があります。それは、私たちが毎日のように行く、**コンビニのカウンターやカフェ、居酒屋さんなど**です。こうした場所は、まさに「ほめる練習場」「ほめる打ちっ放し」「ほめるバッティングセンター」と言えます。

ここで、店員さんの一所懸命なサービスに対しての「ありがとう」のひと言や、相手の目を見て、笑顔で感謝を伝えること、また「ていねいにありがとう」「おいしいですね！」「笑顔がステキですね」などと、ひと言加えること。

そのときの相手の笑顔を見れば、ほめることのすばらしさがいつでも体感でき、自分のほめるスキルにも磨きがかかります。

◉なぜ？（WHY）

「なぜ、ほめる？」となれば、やはり、**相手を元気にするため**です。

「元気にしてどうするの？」と言えば、相手に行動する勇気を持ってもらい、相手の可能性を引き出し、成長につなげてもらうため、そして幸せになってもらうためです。

同時に、そうした相手のすばらしさに気づける、自分の人間力を上げるためであり、**人間力を上げて自分も幸せになるため**です。

さらには、人に対してばかりでなく、モノや出来事にも価値を見つけてほめることによって、自分の身のまわりのすばらしいこと、感謝すべきことが認識され、ひいては、自分の人生のすばらしさ、自分が生まれてきた理由まで発見できます。

ほめるのは、**あなたの人生の価値を見つけるため**でもあるのです。

◇ファースト・ステップ「人をほめる」

「人をほめる」スキルは、「自分をほめる」と「他人をほめる」の大きく2つに分けることができます。

【自分をほめる】

「えっ？　自分をほめる？　なんだか、ぬるーい感じがするけど……」

そう思われるのもよくわかります。とくに日本人は自分をほめるのがあまり好きではありませんし、苦手であったりします。

古来、稲作を中心に共同体として助けあって生きてきた日本人は、謙遜を美徳とし、中庸《ちゅうよう》をよしとする文化を育《はぐく》んできました。共通認識としての「当たり前」を美学としてきたのです。それはもちろん、日本人のステキなところでもあります。

「私なんか、まだまだでございます！」

「自分はぜんぜんイケてません！」

日本人としては美しい感覚ですが、グローバル社会のいま、日本人の感覚はこのままでいいのでしょうか？

内閣府が発表した『令和元年版 子供・若者白書』によると、「自分自身に満足している」という若者は、アメリカでは87％、イギリスでは80・1％、お隣の韓国でも73・5％であるのに対して、日本は45・1％と圧倒的な低さでした。

半数以上の若者が、自分に満足できずに毎日暮らしています。それを「ハングリー精神」と考えるならばよさそうに見えるものの、どうでしょうか、私たちの周りの若者たちは、ハングリー精神で、何かを目指して、エネルギーを持って頑張れているでしょうか？

私には必ずしもそうは見えないのです。若い人たちに、はつらつとした毎日を過ごしてもらいたい。それが日本のすばらしい未来につながります。

【他人をほめる】

「他人をほめる」スキルといっても、相手を操作することではありません。ですから、

「これを言えば喜ぶだろう!」などという下心で、相手が反応しそうなほめ言葉を使うことをすすめるものではありません。

ほめるスキルは、自分や相手への向き合い方にヒントがあります。たったひと言の言葉選びが奇跡のスイッチを押して、驚くような出来事や未来を連れてきてくれるのです。

◇セカンド・ステップ「モノをほめる」

次に「モノをほめる」——。

モノとは、私たちの身のまわりのものすべてであり、ビジネスで言えば、私たちが扱う商品やサービス、組織やシステムやオペレーションやインフラなどのすべてです。

そうした自分が持っているビジネスのリソースの価値を見いだし、最大活用することにつながります。

さらにはマーケットの価値を見いだし、自分たちのリソースを注ぎこむ。選択と集中をする。そして成果を上げる! まさにビジネスチャンスを発見できるスキル!

それが「モノをほめる」スキルです!

◇サード・ステップ「出来事をほめる」

ほめるフローの最終段階です。

「出来事をほめる」――。つまり、出来事の価値を見いだすことです。ピンチの中にも可能性や次へのチャンスを見いだし、成長へつなげるスキルです。このスキルを手に入れると、ピンチをチャンスに変えることができます。

すると、人生がプラスに激変します。

「過去と他人は変えられないが、未来と自分は変えられる」

よく耳にするすばらしい言葉です。しかし、「出来事をほめる」スキルを手に入れると、過去も他人さえも変わります。

もちろん、過去に起こったことの事実は変わりません。そして、他人を操作することもできません。**自分がその事実をどう見るかで、過去も他人も変わって見える**ということです。つまり結果として、自分にとっての過去も他人も変えることができるのです。たとえば過去の仕事での失敗も、いまの自身の成長につながっていると考えることです。

◇ほめるスキルの核心は「視点の変化」！

ほめるスキルの核心は、ずばり「視点の変化」です。

価値を発見しようとする視点に立つと、普段はなにげなく見ていて、**ほとんど意識していなかった人・モノ・出来事の価値やすばらしさが見えてきます。**

ここが、ほめるスキルのすばらしいところです。

次の第5章から第7章までは、ほめるフローの3ステップに沿ったエクササイズです。「人・モノ・出来事」それぞれのほめるスキルを学んでいきましょう。

第5章

VV

「自分をほめる」エクササイズ

◇自分をほめることで、自信につながる

あるとき、電車内で、女子高生二人組の会話に耳が釘づけになりました。


「ねえねえ、自分の、いちばんつきあいの長い友だちって、だ～れだ？」

「え、なになに？　だれだれ？」

「正解は、じぶん～♪」

「なに、それ～」

「だって、生まれてから死ぬまでつきあわなきゃいけないもん」

「まじウケる～」


女子高生たちは笑い話にしながらも、おそらくその意味の深さにも気づいていたのではないでしょうか。

あなたは、いちばんつきあいの長い友だちである自分、ずっとつきあわなくてはならない自分を、しっかりと認められているでしょうか？　大親友のように、ほめたり、

勇気づけたり、ともに歩いたり、労《ねぎら》ったりしているでしょうか？

大親友に対するのと同じように、「しょうがないなと思える変わったところや情けないところもあるけれど、それも含めて自分の魅力だよ！」「自分自身こそ、かけがえのない友だちだよ！」と、自分のすべてを受け入れているでしょうか？

ほめることの始まりは、まず自分から。「自分」という存在を認めることからです。一度きりの人生を頑張って生きているのは、この自分。ほかに誰も代わってくれない、たった一人のこの自分。

「自分をほめる」ということは、自分を信じることにつながります。たった一人の自分を信じること。**「頑張っているね」とわかってあげること。**それこそが「自信」につながるのです。

◇自分が言われて、うれしいほめ言葉は？

まずは、ほめるスキルの基本、「自分をほめる」エクササイズです。

とはいえ、「いきなり自分をほめろと言われたって！」ですよね。そこで、次のような、無理なく自分をほめることができるワークを通して、「自分をほめる」スキルを身につけていきましょう。

私たち「日本ほめる達人協会」が行っている「〝ほめ達〟検定　3級試験」の第1問目が、じつは「自分をほめるワーク」です。

自分が言われてうれしいほめ言葉を、できるだけ多く書きだしてください。

（制限時間：5分　目標30個以上）

検定の中でも「ほめるとは、人・モノ・出来事の価値を発見して、伝えること」とお伝えしています。

「ではまず、何の価値を発見するのか？」といえば、自分自身の価値なんだ、ということに気づいていただくために第1問にしています。

この問題は同時に、いまの時点で、自分がどれくらいのほめ言葉の数、ほめるボキャブラリーを持っているかを確認することにもつながります。

誰にも見せる必要はありませんので、恥ずかしがらずに、「こんなことを言われたい」「これを言われたとき、うれしかったな」「自分はあまり言われないけれど、あの人が言われているあんな言葉、言われてみたいな」という言葉を、勢いにまかせて書きだしてみてください。

なんでもかまいません。いま、電車の中などでこの本を読まれていて、すぐに書けないようであれば、スマホにメモるでも、頭の中に思い浮かべるだけでもけっこうです。できたら、家や仕事場で落ち着いた時間に、実際に手書きで書いてみるのがいいですね。意外な言葉が飛びだしてくるかもしれません。

では、制限時間は5分です。用意、スタート！

いかがでしょうか？　いろいろなほめ言葉が出てきたのではないかと思います。

一方で、あまりたくさん書けなかった方もいるかもしれません。それでも安心してください。ほめ言葉は、意識さえすれば間違いなく増えていくものです。


「かっこいい」

「きれい」

「仕事がていねい」

「優しい」

「笑顔がステキ」

「センスがある」


自分なりのほめ言葉が出てきましたね。

さて、いま書きだした、もしくは思い浮かべた「自分が言われてうれしいほめ言葉」は、じつは**「なりたい自分の姿」**でもあります。もしくは**「こうありたい自分の姿」**とも言えるものなのです。

「いやいや、言われてうれしいと思ったけど、そうなりたいなんて図々しい」

そんなご意見もわかります。ただ、人は自分の心にないものは言葉にできないもの。小さな種ではあっても、魅力の種があるからこそ、言葉となってあらわれます。「憧れの種」と言ってもいいでしょう。

その小さな種を、少し意識して育てていくと、やがて芽が出て花が咲きます。書きだしたものを全部いっぺんに、とはいかないでしょうから、とくにこう言われたいという言葉を２つ、３つ決めて、その種を意識して育てる。プロジェクトで言えば、何にフォーカスするかを決めて「選択と集中」によって実現していきます。たとえば、

「コミュニケーション力が高い！」
「笑顔に元気がもらえる！」
「シュッとしている！」

なんでもかまいません。自分が言われてうれしいほめ言葉ですから、なるべくならそう言われるようにふるまってみるのです。

そうすると不思議なもので、だんだんそう言われることが増えていきます。人は、生まれながらの個性や、いままでの環境がつくってきた性格もありますが、自分がこれから何を目指すのか、ちょっと意識するだけで、周りの人から見える自分は大きく変化していきます。

これまた、不思議な話があります。

人間には、いま自分が受けている印象が以前からのもののように思いたがる傾向があります。たとえばもし、他人に意識的に優しくふるまえば、それを見た人は「昔から優しいところがある人だったな」なんて思ってくれたりします。

私も実際に体験しました。私は8年ほど前から「笑顔がいい」と言われたいと意識してふるまっています。それ以前は、あまり「笑顔がいい」と言われたことはありませんでした。ところが、意識しはじめると、もちろん自分が笑顔になろうとするからですが、

「松本さん、いつも笑顔ですね」

なんて言ってもらえる機会が増えたのです。不思議なのは、そのあとです。

昔は「笑顔がいい」なんて言ってくれなかった古い友だちが、「松本って、昔から笑顔がいいもんなぁ」なんて言いはじめたのです。

なぜなのか考えてみると、いまの私の笑顔が友人の中の昔の私の笑顔の記憶を呼び起こしてつなぎあわされたのか、もしくは、あいまいな記憶に笑顔が上書きされたのかもしれません。

かくして私は、昔からずっと笑顔の人になることができてしまいました。

自分が言われてうれしいほめ言葉を、今日から少しだけ意識することで、「なりたい自分」「こうありたい自分」にアップグレードしてしまいましょう。

また、この〝ほめ達〟検定の第1問目には、もうひとつ意味があります。

あなたが、自分が言われてうれしいほめ言葉を10個も20個も書きだせるように、あなたの周りの人たちの誰もが、自分が言われてうれしいほめ言葉を10個も20個も持っている、ということです。

「あいつ、ほめるところが見つからない」

そんな彼や彼女にも、あなたと同じように、自分が言われてうれしいほめ言葉が10

個も20個もあるのです。

そのすべてをわかるのはもちろん難しいことですが、その中の1つでも2つでも気づいてあげられたらいいですね。

誰にも「なりたい自分」「こうありたい自分」がある。

そこに思いを馳《は》せることができるようになるためにも、まずは、自分をしっかりと認め、ほめてあげることから始めましょう。

◇ほめられたら「ありがとう」

自分をほめることを一瞬にして達成できる方法があります。

それは、誰かにほめられたときに「ありがとうございます」と言うことです。

これは、日本人がなかなか言えないセリフです。

「いやいや、ぜんぜんですよ……」

「またまた！　そんなこと言って、とんでもないですよ！」

謙遜を美徳とする日本人は、ほめ言葉をなかなか素直に受け止められません。「もっとほかにすごい人がいるから、私はまだまだです」――そんなふうに謙遜する気持ちや謙虚な気持ちは美しいものの、謙遜しすぎでは自己肯定感を高めることができません。

さらには、ほめられたのに「ぜんぜんですよ！」と否定することは、考えてみたら相手にとっては失礼です。ほめ言葉は、相手がギフトを選ぶように言葉を選んで自分に渡してくれるもの。「ぜんぜんですよ！」と撥《は》ね返すのは、ギフトを突っ返すようなことですよね。

ですから、ほめられたときは「ありがとう」「ありがとうございます！」と受け止めるのが正しい対応です。

この**「ありがとう」が言えるようになるだけで、「自分の人生が変わる」**と言っても過言ではありません。「ありがとう」と言ったとたんに、この世の中で生きる自分の存在を、しっかりと認める力が生まれます。自分の体から漂う空気が変わります。発散するエネルギーの量が変わります。

たとえば、自分の周りの仕事ができる人たちや、いつも楽しく暮らして成長しつづけている人たちを見まわすと、ほめられたときに「ありがとうございます」と言えたり、ほめたことを喜んでくれたりすることが多いのに気づきます。

ほめられて「ありがとう」と、ただそう言えた瞬間から、自分の人生は、巨石がゴロリと動きだすように、大きな力で進みはじめます。

◇過去の自分をほめてみる

この本はビジネススキルの本なので、基本的には、前向きなポジティブ発想になっています。「ほめる」ということ自体も、基本はポジティブ思考です。

とはいえ、人はいつでも前向きでポジティブにいられるわけでもありません。疲れてしまうことだってあります。気力が湧かないときや、気持ちが落ちこんでしまうこともあるでしょう。そんなときに、「前向きに！　前向きに！　なりたい自分を目指して結果を引き出すんだ！」と自分を鼓舞《こぶ》しつづけることは、なかなかできないものです。

疲れてしまったときには、過去の自分や、いま現在の自分の頑張りを認め、ほめてあげる、労ってあげる、自分自身に感謝してあげることも大切です。

「頑張ってるね」
「よくやっているよ」

根拠のない応援で大丈夫です。自分の頑張りを誰かと比べる必要はありません。

なんだかんだと言いながら、今日まで頑張ってきた自分、今日まで生きていた自分。いい結果が出ていなくても、情けないことがあっても、頑張って生きてきたことだけは事実です。

生まれてから一度も止まることもなく動きつづけてくれている心臓に、感謝するだけでもいい。満員電車の中で人に足を踏まれながらも、仕事先に毎日歩いていった自分の足に、感謝するだけでもいい。パソコンのモニターを今日も一日見つづけたこの目に、感謝するだけでもいい。

「ほめる」とは、誰かを元気にすること。
ならば、まずは自分を元気にしてあげましょう。

◇「自分をほめる」でビジネスの成果が上がる！

「自分をほめる」スキルを、ビジネスにすぐに反映することもできます。

先に自分をほめてしまう！

これは、有効なビジネススキルであり、すぐに成果を引き出せます。

たとえば、ビジネスマナーにおいて、

「靴は磨いておかなくては！」

「名刺交換はきれいな所作でスマートにしなくては！」

「営業や接客なんだから、爪をきれいにしておかなくては！」

と「ねばならぬ」で考えると憂鬱《ゆううつ》になり、「何をどうしたらいいのやら」とモヤモヤして、行動を後まわしにしたりしてしまいます。

そこで、前もって自分をほめてしまうのです。

「松本さん、いつも靴がピカピカですね！」
「松本さんの名刺交換、いつもスマートで気持ちいいですね！」
「さすが、爪もきれいにされていますね！」

このように、自分を先にほめてしまうと、自分の目指すゴールが見えてきます。そこに向かってワクワクと突き進めます。「ねばならぬ」では〝やらされ感〟が先立って、アクセルをなかなか踏みこめなかったりしますが、ほめられている自分を想像すると、アクセル全開で、そこに向かえます。

コーチングの創始者といわれるルー・タイスが語った「アファメーション」とは、自分自身の未来に対する肯定的なビジョンを描くことによって、いい結果を引き寄せようとする方法のことです。それを簡単に実現するのもじつは「自分をほめる」スキルなのです。

ビジネスマナーに限らず、自分が手に入れたいビジネススキルや、実際の仕事の成果をイメージしてほめてみるのも効果的です。

「今回の営業キャンペーン、最高の成果でしたね！」
「すばらしいリーダーシップで、強いチームをつくりましたね！」
「わが社の歴史に残る、製品開発ができました！」

先に自分をほめてしまうと、自分が向かうべき最高のゴールが見えてきます。あとはそこに至るために、現在地とゴールを結ぶ一本の道を引いて、歩きつづければいいだけです。

◇自分のカスタマーレビューを書いてみる

「自分をほめる」スキルをビジネスや日々の暮らしに活かす方法の進化版として、自分自身や自分の仕事のカスタマーレビューを自分で書いてみるのもオススメです。

いまの時代、ＳＮＳのレビューや口コミが商品価値を大きく左右します（もちろん、ネット上の評価がすべてとは、私も思わないのですが）。プラスのレビューは、商品価値を大きく高める効果があります。ならば、自分へのレビューを自分で先に書いてみる。これはとても有効です。

自分をほめるレビューの例

★★★★★
こんなリーダーが欲しかった！　まさにうちの会社が求めていたリーダー像です。明るく柔軟で、周りに活気を与えながらのチームビルディング、このリーダーなら、イノベーションが起こること間違いなしですね！

★★★★★
前々からものすごく興味があった方なので、今回仕事でご一緒できて本当によかったです。どんなハードな課題でも、粘り腰で、しかも笑顔で対応される姿が、本当にすばらしいと思いました！

★★★★★
仕事のセンス抜群です。そして思いやりがすごい！
惚れちゃいます！

レビューは、他人になりきって客観性を装いながら書くことができますので、自分の心のブレーキをはずせます。

いかがでしょう？　自分や、自分の仕事が世の中にリリースされたときのレビューを試しに書いてみましょう。

自分へのプラスのレビューを書いてみてください。

☆☆☆☆☆

「自分をほめる」スキルは、自分自身ばかりでなく、自分たちの仕事そのものにも使えます。いま自分がかかわっている商品開発やイベントやキャンペーンやプロジェクトが、最終的にお客さまからどんなレビューをもらえるのかをイメージすると、それに向かって自分がすべきことがはっきりとしてきます。レビューに限らず、新聞や雑誌に「いま、話題の！」と取り上げられたイメージで、見出しを作ってもいいですね。

ぜひ、いろいろなシーンで活用してください。

◇3年先の明るい妄想日記を書いてみる

「自分をほめる」スキルのさらに進化版です。

これは、奇跡を起こす、楽しいスキルと言っていいかもしれません。私も何度も実践して、驚くほどの成果を手に入れてきました。

つまり、3年先の明るい妄想日記を書くことで、**未来の自分をほめてしまう**のです。

妄想ですから、理想でも夢でもありません、好き勝手です。いまと3年後がつながりそうになくてもかまいません。すべては妄想です。

妄想日記を書くときは、文章のイメージにリアリティを与えると楽しいですよ。

それは**「五感」を言葉に盛りこむ**こと。

視覚・嗅覚《きゅうかく》・聴覚・味覚・触覚《しょっかく》、それぞれの感覚を言葉に盛りこむのです。

「朝は、青山の新しいオフィスで、プレゼンの準備をした。窓の外は新緑が青空に映《は》え（視覚）、鳥が鳴いていた（聴覚）。おだやかな風が心地よく（触覚）、マウイ島で買ってきたコナコーヒーの香り（嗅覚）、そして甘みが（味覚）、今日のプレゼンの期待感を高めてくれた」

な～んて具合です。

3年先のある日を設定して、その日の自分の日記を明るい妄想で書いてみてください。

不思議なものです。私は3年ごとに妄想日記を書いていますが、私の場合は少なくともその7割は現実になっています。これもおそらく、いい結果を引き寄せようとするアファメーション効果なのでしょう。

私がまだ損害保険会社の小さな支店の営業マネージャー、しかも契約社員だった時代の妄想日記では、3年後には自分の所属するグループ全体の仕事をするようになり、とくに宣伝部に属して社内外に企業のよさをアピールする仕事をしながら、外国人マネジメント（役員）や英語ペラペラの優秀な同僚たちと、毎日が充実し、楽しい仕事をしている「ある日」を妄想して書きました。

人から見れば、かなり図々しい妄想です。その3年前にはガソリンスタンドのおやじだったのですから。契約社員で、しかも英語も話せない私が、3年後にそんなことは普通ありえないですよね。どのくらいそれが妄想だったかというと、じつは私の会社には宣伝部などはなく、経営企画部の広報チームがその役割を担当していました。そんなことも知らずに書いているのですから、本当に妄想です（笑）。

ただ、不思議なものです。私はそれから数か月後には異例な正社員採用となり、営業トレーナーから、本社営業企画部を経て、3年後にはその経営企画部広報チームにたどり着いてしまったのです。さらにグループ企業の合併の時期でもあり、グループ企業全体の広報や宣伝にかかわり、外国人マネジメントとも仕事をするようになりました。依然として英語はまったくでしたが（笑）。

自分のビジョンを明確にすることは、**自分が進む方向を自分の潜在意識に刷りこむ**ことになります。たどり着きたい場所が明確ならば、一見その場所への道の分岐点とは思えないような日常のなにげない判断のときでも、その場所にいちばん近づける道を無意識に選びつづけることができるでしょう。目標をロックオンしたロケットのように、ただただ、そこへと向かっていけます。

3年先の明るい妄想日記、ぜひトライしてみてください。

第6章

「他人をほめる」エクササイズ

タスク❶ 見た目をほめる

さて、第6章は「他人をほめる」エクササイズです。

〝ほめ達〟が言う「ほめる」とは、価値を発見して、伝えることですから、当然、**相手の魅力やすばらしさを発見する観察力**が必要になります。

まずは、相手の服装などの見た目をほめることからスタートしてみましょう。

「ステキなネクタイですね！」

「メガネが変わりました？　とても似合ってますねえ」

そんなシンプルなほめ言葉から始めてみましょう。

ささやかなほめ言葉ではありますが、言われた相手は、「見てもらっている」「気にしてもらっている」と感じます。少なからず「好意的に見られている」と感じるので、見た目をほめることは重要です。

「それこそ、うわべだけのほめ言葉みたい」

そんな意見もありそうですが、いわば、これは握手のようなもの。しっかりと手を差し伸べて、お互いのぬくもりを交換しあうこと。相手との関係をよくしようと、積極的にコミュニケーションをとるために、ほめることから始めるのです。

欧米人は、あいさつをするように、服装など見た目をほめます。私も損害保険会社の経営企画部時代、外国人マネジメントたちと会うたびに実際にほめられていました。

「ハイ！　ヒデオ。ナイス・タイ！」

そんな感じで毎度言ってくれます。「クールな時計だね！」「ジャケットの色、いいね！」と、あいさつがわりにほめてもらいました。

欧米人があいさつがわりに相手をほめるのは、多民族国家だからだといいます。

「私は、あなたの敵ではないよ！」

ということを表明し、**相手といい関係をつくるために、相手をまずほめる**ことを習慣にしているのです。とてもいいことではないでしょうか。真似したいことです。

◉顔やスタイルはほめない

「見た目をほめる」というと、
「おきれいですね！」
「スマートですね！」
「顔ちいさい！」

などと、顔やスタイルをほめることを思い浮かべてしまいがちですが、親友や恋人同士など親しい間柄でなければ、**身体的なことにふれるのは、やめておきましょう。**

とくに最近は、顔やスタイルをほめられると違和感を覚える方が多くいます。また、人前で誰かのことを「きれい」とほめると、そのほかの人は「そうでもない」と評価された気分になります。身体的なことは本人も変えようがない部分がありますので、そこをほめるのは避けましょう。

一方で、髪型や爪の手入れ、もちろん身につけている服装や小物は、**その人のこだわりや美学の反映**ですので、しっかりとほめてあげたいところです。

「相手の見た目をほめよう」といわれても、ほめるものがパッと目に飛びこんでこない場合には、91ページで紹介したように「何を（WHAT）ほめる?」と「どう（H

OW）ほめる？」に当てはめて考えると簡単です（具体例は128・129ページ参照）。ビジネスで言えば、プロジェクト・マネジメントで使われる手法のひとつであるWBS（ワーク・ブレイクダウン・ストラクチャー）のように、細かな作業レベルに落としこむと、ほめるスキルを実行しやすくなります。

まず「何を（WHAT）ほめる？」については、相手の見た目のすべてです。

身だしなみ：髪型、メイク、爪、服装の手入れ具合などなど
ふるまい：笑顔、動作、姿勢などなど
身につけているもの・持ち物：服、靴、ネクタイ、バッグ、メガネ、時計、文具、ノートパソコン、スマホ、タブレット、指輪やアクセサリーなどなど

これらを、ほめ言葉となる表現とつないでいけばいいのです。この組み合わせだけでも、何百ものほめ言葉ができあがります。

「こんな傘あるんですねぇ？　感動ものですね」

「チョーステキ！」

「これ、マジすごいですよ！　なかなかないですよ！」

「ガジェット好きにはたまらない！　欲しいなぁ、それ！」

ⓔ 尊敬してほめる

持ち物などをほめつつ、ほめる対象を本人に移します。それを選び、身にまとう人への尊敬をあらわし、憧れを伝えます。

「これ、○○さんしか着こなせないですよ」

「さすが○○さん！　センスがものすごいです！」

「その時計を選ばれた○○さんのストーリーが、本当にステキですね」

「こんなステキで微妙な色選びって、どうしたらできるんですか？」

ⓕ 感謝してほめる

感謝は最上級のほめ言葉。相手の見た目に感謝する場面は、あまり多くないように思えますが、貢献感を漂わすだけで、最上級、スペシャルです。

「その服の色、なんだか部屋の空気も明るくなります！」

「いやあ、○○さんの立ち姿、見てるだけで元気もらえます」

「眼福です！」

「私までさわやかな気分です。ありがとうございます」


お気づきのように、同じ言葉が複数の意味を持ったり、違う意味で使われたりすることもあります。言葉を組み合わせて使うこともたくさんあります。

見た目をどう（HOW）ほめる？

ⓐ 認めてほめる

その人らしさや変化を発見して認めることだけでオッケーです。英語で言えば、「Good on you !」や「Interesting !」のレベルですね。


「髪型変わりましたね」

「そのスーツ、新しいんじゃないですか？」

「スマホケース、松本さんに似合いますね」

「珍しい時計ですね！」

ⓑ 好感でほめる

こちらは、英語で言えば、「I like it !」や「I love it !」です。


「髪切りました？　とてもさわやか！」

「いい色のバッグですねぇ」

「とてもかわいい時計！」

「靴がピカピカ！　さすがだなぁ」

ⓒ 応援してほめる

いまのステキさだけではなく、どんどんステキになっていく、その努力をほめます。あとで述べる「行動をほめる」「成長をほめる」の見た目版です。


「持ち物もこだわってるね。どんどんステキになるね」

「髪型、またいい感じになってるねぇ」

「筋トレ続けているんですね。さらに引き締まってきましたね」

「さらにステキになったねぇ！」

ⓓ 感動・喜びでほめる

大きな影響を与えられたり、自分までうれしくなっていることを伝えます。

◉見た目のほめ言葉は200以上ある！

何年か前に、見た目をほめるほめ言葉はどのくらいあるのか、書きだしてみたことがあります。最初は100個も出せたら話のネタになるだろうと始めましたが、軽く200個を超えてしまい、キリがないのでストップしました。

たとえば、万年筆を持っている人がいたら、

「すごくおしゃれな万年筆！」

「きれいなフォルムですね」

「書きやすそうですね」

「使いこんでいるんですね」

「とてもこだわりを感じます」

「そのインク、とてもきれいなブルーですね」

「すごく大人な雰囲気、真似したいです」

「本当に、お似合いです」

見た目をほめるほめ言葉

「○○さんらしい」「こだわりを感じる」「個性的」「初めて見た」「大人っぽい」「若々しい」「知的」「清楚」「イケてる」「キュート」「チャーミング」「すごい」「さすが」「ステキ」「すばらしい」「いいね」「おしゃれ」「きれい」「かっこいい」「センスある」「キマってる」「スタイリッシュ」「さわやか」「清潔感がある」「品がある」「プロっぽい」「クオリティが高い」「使いやすそう」「いやされる」

番外編：「女性的」「男っぽい」「ワル な感じ」「ずるい感じ」「セクシー」（艶のあるほめ言葉は、使い方に注意！）

と、いくらでも出てきます。「インクまで、ほめるのか？」と思っていただけたなら、それはステキな発見です。

すべての持ち物は持ち主のこだわりです。手にした理由があるはずです。ですので、すべてのものをほめることができるのです。

また、セクシャル・ハラスメントが気になる今日では、安易に使えない言葉もたくさんあります。上記の番外編に並べたものは、とくに要注意です。

だからといって、そうした言葉を完全に封印するのはもったいない話。ハラスメントは、相手といい関係ができていなかったり、相手への配慮がなかったりする場合に起こります。または、チーム内の共通言語からあまりにもかけ離れた言葉を投げかけることからも起こります。

「チーム内の共通言語」とは、関係者が誤解なく、相互理解できる言語表現のことであり、組織をチームとして機能させるために、企業研修などで提唱されています。

ビジネスでも、プライベートでも、小さなほめ言葉でいい人間関係をつくりつつ、「ほめる共通言語」を増やしていきたいものです。

◉見た目をほめる、とっておきのワザ

ここでさらに、見た目をほめる、とっておきのワザをお教えしましょう。

ワザというと、下心によって相手を操作することのように誤解されそうですが、相手のすばらしさを本当に伝えたいときに、ぜひ活用してください。

身につけているものをほめちぎる ＋「似合います！」

たとえば、

「メガネ変えられました？ すごくスマートな感じ。私もそういうのを探してるんです。とてもステキなメガネ、お似合いですよ！」

いかがでしょう。メガネにグッとフォーカスしてメガネ自体をほめると同時に、それを選んだセンスもやんわりほめてから、「お似合いですよ」のひと言で、ググッといきなり、ほめる対象をその人自身に向ける！ すると、相手は「私をほめてくれていたのか！」という感じになりますよね。

これは、ほめられた側の心の温度を一気に上げます。

「似合います！」は、その言葉だけなら軽い共感ですが、身につけているものをほめるほど、「それが似合うあなたはすばらしい！」という意味になります。

ちなみに、「私もそういうのを探してるんです」や「私も欲しい」も、相手の心に響くほめ言葉。お愛想でほめているのではなく、「本当にいい」と思っていることが伝わります。

タスク❷ 結果をほめる

大口の契約を取ってきた。販売実績がトップだった。社内コンペで優勝した。

子育てで言えば、テストの点数がよかった。運動会で1位になった。

もちろん、これらはすべて、ほめる最高のタイミング。「ここでほめずに、いつ、ほめるのですか！」というタイミングですから、惜しみなくほめてあげましょう。

ただし大切なのは、**結果ばかりにフォーカスしすぎたり、ほかの人と比べてほめることになりすぎたりしないしないことです。**

たとえば、こんな場合。

営業社員Aさんが大口の契約を決めてきました。3社コンペで、企画書の作成から社内の調整も含めて、相当に時間をかけ、また、熱意を持って取り組んだ提案です。途中で先方の担当者とすれ違いがあって、ひやひやする思いもしたので、Aさんは契約が取れたことを本当にうれしく思っています。そんなときに、

「すばらしいねえ！　大口契約だね！　うちの部門で、このくらいの大口はなかなかないよ！　これで予算も達成だね！　いやあ！　最高！　ありがたいねえ！」

上司からこんなほめられ方をされたら、Aさんはどんなふうに感じるでしょうか。

もちろん、営業部門でも珍しいほどの大きな契約が取れたことをほめられるのはうれしいに違いありません。ただ、そこでフォーカスされているのは「結果」だけです。上司がほめているのは、大口契約を取ったことに対してだけであり、Aさん自身の努力に対してではないようにも感じられてしまいますね。もっと言うと、上司が自分の成績のために、この契約を喜んでいるようにも思えてしまいます。

◉ヨコではなく、タテでほめる

いい結果が出たとき、その結果を出した人をほめたたえるときには、「ヨコではなく、タテでほめる」。

これは、日本ほめる達人協会の「ほめ達！　入門編セミナー」でも紹介している、ほめ方の基本です。そして次の「タスク❸行動をほめる」にもつながります。

「ヨコでほめる」とは、誰かと比べてほめることです。まさに「評価」です。営業成績などを棒グラフで、ほかの人と比べるほめ方です。

このほめ方では、いい結果を出したときにしかほめられません。また、人よりいい結果を出した人しかほめられません。となれば、人よりいい結果を出しつづけない限りほめられないことになりますし、一生ほめられない人も出てきてしまいます。

では、「タテでほめる」とは、どういうことなのでしょうか？

タテとは、その人自身を、過去と現在で比べるほめ方です。棒グラフで言えば、グラフの伸びでほめます。

その人の成長や変化、工夫や、手にした能力やスキルの向上をほめる。

このほめ方ならば、誰でも何度でも、永遠にほめつづけることができますね。

もちろん、ほかの人と比べてヨコでほめられるのもうれしいのは間違いありません。「人よりもいい結果を出したのにほめてはいけません！」ということではありません。

ただ、ヨコのほめ方しかしないのは、誰かを上げて、誰かを下げているということ。人よりもいい成績が出せないときは、見下されているように感じてしまいます。

成果をほめる際には、「今月の営業成績、すばらしいねえ！」だけで終わらせず、次のように努力や成長やスキルアップをほめましょう。

「ずいぶん営業スキルを磨いたね。行動量もすごかったようだね！　だからこその結果だね！」

タスク❸ 行動をほめる

「他人をほめる」で、いちばんフォーカスしたいのは「行動」です。

成果をほめるのは当たり前、本当にほめるべきは、成果を出した行動、そして成果を出そうとする姿勢です。毎日毎日、一歩一歩、努力を重ねて、望む結果に近づいていくことこそが大切なのだと私は考えます。

前項の「ヨコではなく、タテでほめる」もこの考え方です。

「またよくなってきたね」

「努力の結果だね！」

ⓓ 感動・喜びでほめる

相手の行動が、周りの人たちの感動につながったり、喜びにつながっていることを伝える、感情の振れ幅を大きくしたほめ方です。


「めちゃめちゃいいねぇ！」

「スゴすぎ！　びっくりするわ！」

「この地道な作業は驚愕ですよ！」

「いい仕事してるなぁ！」

ⓔ 尊敬してほめる

相手の行動を通して、相手への尊敬の念が深まったことを伝えます。その人自身へのフォーカスです。


「さすが○○さん！　どうやったらそこまでできるの？」

「その気遣い、ものすごく多くのお客さまと接してこられたのがわかります」

「どんなときも笑顔を忘れないのは、すばらしいですね！」

ⓕ 感謝してほめる

誰かの行動に対する「ありがとう」を増やすと、自分の身のまわりに感謝すべきことがたくさんあることに気づけます。当たり前なことなどないと気づけます。


「ありがとうね！」

「えっ、片づけておいてくれたんだ。助かるなぁ」

「その笑顔、元気もらえます！」

「会議のときにいいフォローしてもらって、ありがとうね！」

行動をどう(HOW)ほめる？

ⓐ 認めてほめる

「見た目をほめる」のステップ同様、その人の行動を発見して認めることだけでオッケーです。


「朝早くから出社してるんですね」

「これだけやるのはたいへんだったでしょう」

「順調に進んでいるようですね！」

「いつも笑顔ですね」

ⓑ 好感でほめる

フェイスブックやインスタグラムの「いいね！」ボタンの感覚でオッケーです。「いいね！」ボタンは、英語圏では「Like」ボタン。「そういうの好きだなぁ！」という感じで気軽にほめましょう。


「そのアイデア面白いですね！」

「このパワポ、きれいに作ってあるなぁ！」

「いつも元気なあいさつですね！」

「これ、なかなかできないですよ！」

ⓒ 応援してほめる

相手と同じ方向を見て、一緒に行動していること、しっかりと見守っていることを伝えます。行動をほめる中でいちばん使いたいほめ方です。「ヨコではなく、タテでほめる」ことにもつながります。

「頑張ったね」「頑張ってるね」は過去や現在の頑張りに対する労《ねぎら》いですから使いやすいものの、「頑張れ」を単純に応援の意味で使うのは危険な場合もあります（147ページ参照）。


「頑張ったね」

「頑張ってるね」

◉プロセス全体をほめる

「行動をほめる」とは、具体的に言うと、その人の、挑戦・努力・変化・成長といった、プロセス全体をほめることです。

とってもシンプルに言えば、**「頑張ったね！」**――そのひと言で十分です。

2014年に（株）サーベイリサーチセンターが行った「職場における『ほめる効果』に関するアンケート」の中で、「上司からもらってうれしいほめ言葉」として、次のような言葉が挙がっています。

「『さすがだね』など、ちゃんとやっていることを見ていてくれたことがわかる言葉」
（20代・女性・民間）

「ひとつの仕事の背景まで把握した上で、労《ねぎら》いの言葉をもらえると嬉しい」
（20代・女性・公務）

「工夫したことやその姿勢を認めてもらうような言葉」
（30代・男性・公務）

やはり、「結果」よりも「行動」ですね。

望む結果を出そうとして頑張ったことのすべてが行動です。変わったアイデアを出したり、意見を言ったり、先を見越した配慮ができたり、そのためにスキルを身につけて成長したり、誰かを気遣ったり、思いやりのあることをしたり、タフな業務をやりつづけたり、そのすべてが行動です。

「そんなこと、仕事なんだからやって当たり前！」

そのとおりに思えそうですが、ビジネスでいちばん怖いのは「当たり前」という閉塞感です。「仕事なんだから当たり前」と見過ごしてしまうことは、閉塞状態打開の鍵を見落とすことにつながります。

「当たり前」に光を当てるのも「ほめる達人」であり、ほめるスキルです。

行動をほめてもらうと、その人から見守られているとわかります。気にかけてもらっていると感じます。

人は、自分を大事にしてくれる人のために、最大のパフォーマンスを発揮する。

行動をほめることが閉塞感を打開して、ビジネスに大きな変革をもたらします。

「当たり前」に光を当てて、「プラス」のフィードバックで考えてみましょう。

◉「ありがとう」の浸透圧を上げる

「ありがとう」は、最高のほめ言葉であり、いちばん気軽に使えるほめ言葉です。感謝のほめ言葉として、どんな場面でも使えます。

もしも、ほめ言葉を苦手に思うのであれば、「ありがとう」を言う回数を増やすだけでも、立派なほめるスキルとなり、「ほめる達人」になれます。


2016年にスタートした宮崎県日南市の「夫婦円満都市推進プロジェクト」のセミナーで、私は何組ものご夫婦に、ほめるスキルをお伝えしました。どのご夫婦も、その日のうちにとてもいい雰囲気に変わりました。

10か月ほどして、そのご夫婦の皆さんにもう一度集まっていただき、夫婦円満具合をお聞きしたところ、

「めちゃめちゃほめているわけでもないのですが、夫婦の会話と『ありがとう』が増

えました」

というステキなお話をうかがいました。

よく、「部下や子どもにはほめることができても、夫婦の間がいちばんほめづらい」と聞きます。夫婦の間でこそ、「ありがとう」のハードルを下げて、「ありがとう」の量を増やしてみましょう。それだけで十分に相手をほめることになります。その結果として、会話も増えたのですね。

さらに「ありがとう」を伝わりやすくするワザがあります。

「事実」＋「ありがとう」

何に対して「ありがとう」と言っているのか、具体性を加えると伝わりやすくなり、「ありがとう」が相手の心にしみこむ浸透圧が高くなります。

その際、**事実は小さいほど、「ありがとう」が伝わりやすくなります。**

「受付カウンター、整えてくれてありがとう」
「前倒しで連絡くれて、ありがとう」
「エクセルに修正を入れてくれて助かった。ありがとう」
「始業前のチェック、いつもしっかりとありがとう」

ここで試しに、身近な誰かの最近の行動をほめてみましょう。「○○してくれてありがとう」とひと言添えるだけでもかまいません。「この人のこと、自分はあまりほめてないいな」という相手がいたら、ぜひ実践してみてください。

身近な誰かの行動をほめてみてください。

誰の（　　　　　　　　　　　　）どんな行動に（　　　　　　　　　　　　）

ほめ言葉

「　　　　　　　　　　　　　　　　　　　　　　　　」

◉失敗しても、ほめることができる！

行動をほめることができるようになると、いい結果が出たときも出なかったときも、ほめることができるようになります。

挑戦したこと、努力したこと、その人自身がスキルアップしたり、成長したりしたこと、そのプロセスのすべてをほめることができるのです。

さらには、失敗したときでも、間違ったときでもほめることができるのです。

以前、ある経営者から聞いた言葉があります。

「部下には〝失敗してくれ〟と願っているんです！」

不思議な話ですよね。その企業は、すでに株式上場し、さらに成長を続けているすばらしい企業です。その経営者が部下に失敗を望んでいるなんて。

その方は、こうおっしゃいました。

「失敗は財産なんです！」

失敗することで、人は成長する。なぜなら、失敗は挑戦したからこそ体験できる。

挑戦したこと自体がすばらしい。そして、うまくいかなかった結果こそが、自分の財産になる。挑戦しないことには失敗もない。つまりは、「成長」という財産を貯めることがないまま進むことになる。すると、仕事が臆病になる。

また、その方はこうも言われました。

「いい失敗をしたな！」

まさに「行動をほめる」の究極ですね。

「われわれ経営者は〝失敗の達人〟なんです。成功したことなんて1割にも満たない。ほか9割は全部失敗。けれども、それだけ挑戦して行動してきたから、自分も、ビジネスも成長できて、最後に大きな成果に結びつくんです」

経験に裏打ちされた、強い言葉ですね。

また、ある英語塾の経営者からこんな話も聞きました。

「私は、生徒が授業中に間違ってもよくほめています！」

これも興味深い言葉ですね。

「あなた、それ、いい間違いをしたわね！　いま、その間違いをしておくといいのよ。のちのち、もう間違わなくなるし、クラスのみんなもいま一緒に経験できて、みんなの勉強になるわ！」

成果ではなく、行動をほめる。挑戦や努力をほめる。

まさに、その見本のような話です。

◉「頑張れ」の使い方

行動をほめるうえで、「頑張ったね」「頑張ってるね」は、シンプルでいつでも使えるほめ言葉です。一方で、「頑張れ！」と言うのは注意が必要です。

ことに、仕事があまりにもハードすぎて、心身ともに本当に疲れてしまっている人や、理由によらずメンタル的に不調に陥っている人に、「頑張れ！」という言葉は、さらに精神的な無理を強《し》いることになります。

「もうさんざん頑張ってきたし、いまも頑張っているのに、まだ頑張れって言うの……」

相手のことを思った「頑張れ」が刃物になって突き刺さってしまうことがあります。

しかし「頑張れ」と言ってはいけないわけではありません。「頑張れ」と言えるシチュエーションは、目的や目標、望む結果が明確で、お互いにそれが共有されているとき。ゴールを目指すうえで、お互いがコミットできているときです。

野球やサッカーなど、スポーツの応援がまさにそうですね。

「頑張れ！」「頑張ろう！」「頑張って！」は、勝利に向かって、いい結果に向かっての応援です。

また、プレイヤーだけに頑張らせようというのではなく、応援している仲間やファンも、当事者意識を持って勝利やいい結果に向かっていることを伝えようとする言葉です。

仕事や、子どもたちの受験や、日々の暮らしの中でも、お互いに同じゴールが共有できて、そこを目指しているときは（もちろん、片方からの押しつけではなく）、「頑張れ」はワンチームに発展する力になります。

一方、ゴールが共有できていない状態だと、「頑張れ」どころか、「期待してるよ！」なんてメッセージも危なっかしくなります。

「期待」は「圧力」になることがあります。「頑張れ」と同様、相手に過度なプレッシャーを与えることになりかねません。

「期待してるからな！」

「歯を食いしばって頑張れ！」

「見損なったよ！」


バブル期までの、目指すゴールがシンプルだった時代なら、それでお互いがコミットできたかもしれません。しかし、いまは受け入れられにくい言葉。

「君ならできるよ」「君らしくない」も同じです。


「それでは何も言えなくなるのでは？」と思うかもしれません。そこで、**普段から大切なのが、相手の行動をほめること。**「プラス」のフィードバックをしつづけることです。失敗やうまくいかないことまで含めて、認めて受け入れてもらっている安心感、見守られている安心感。心理的安全性のある場づくりです。

ほめて、いい結果を出しているチームや企業や組織、家庭では、まずは安心していられる場をつくっています。同じゴールをしっかりと共有して、全員でお互いに応援しあいながら、そこに向かっています。

タスク❹ 貢献をほめる

さて、ほめるスキルもだんだんとレベルの高いステップに入ってきました。

「レベルが高い」というのは、難しいということではありません。相手へ、こちらの気持ちが伝わるレベルが高くなる、もしくは、相手が元気になるレベルが高くなるという意味合いだととらえてください。

◉貢献とは、誰かの役に立つこと

先に挙げた（株）サーベイリサーチセンターのアンケートでは、「上司からもらってうれしいほめ言葉」として、次のようなものも挙がっています。

「役立っていると実感できる言葉」（20代・男性・民間）

まさにこれは「貢献の実感」ですね。**「私は誰かの役に立っている」という実感**です。貢献の実感は、大きな「心の報酬」になります。

人は、ただほめられたいわけではありません。誰かの役に立ちたいのです。

「私は誰かの役に立っている」
「このチームの役に立っている」
「この会社の役に立っている」
「お客さまの役に立っている」
「この地域の、この社会の役に立っている」

そんな実感ができることこそ、人生の幸せではないでしょうか。

◉お化粧をしなくなった女子高生たち

先日、東京都内のある有名私立女子高校で、先生方に〝ほめ達〟の講演をさせていただきました。そこで校長先生と教頭先生から興味深い話を聞きました。

「数年前から、女子生徒たちが化粧をしなくなったんです」

都心の環境にあり、かつては生徒たちも見た目をずいぶんと気にしていたようです。自分をきれいに見せることに躍起だったのです。ところが、

「休み時間に鏡を見ている生徒が大幅に減ってきました。かといって身だしなみが雑になったわけでもないんですが、一方で、学校主催のボランティアに参加する生徒がものすごく増えたんです」

そして両先生は、ボランティアに関心を持つ生徒が増えた理由をこんなふうに分析していらっしゃいました。

「自分を外見的によく見せるだけではもう、満たされない時代なのでしょう。**誰かの役に立ちたい。しっかりとした手応えが欲しい。**彼女たちはそう感じているのです。時代が変わりつつあることを、彼女たちは私たちに教えてくれているのかもしれません」

女子高生たちはいつの時代も時代の匂いを敏感に感じながら、流行や新しい文化をつねに発信してきたのです。

また、山陰地方のある市の副市長さんが、こんなことを言われました。

「人は弱いから強い」

逆説的で深みを感じる言葉ですね。われわれ人間、ホモサピエンスは、鳥のように空も飛べない。ライオンのように強くもない。魚のように水中で暮らせない。そんなとても弱い存在であるにもかかわらず、生き残ってきたのは、共同生活を選んだからだといわれます。一人ひとりが弱いがゆえに、ともに助け合うことで、人類はこれだけ繁栄することができてきた。つまり、人は弱いから強い。

人間にはそもそも、助け合う本能があるのです。だからこそ、「自分が誰かの役に立っている実感」「誰かを助けている実感」こそが、人間の基本的な欲求であり、人間が生きていく力を発揮するうえで重要なものなのです。

たとえば、子どもたちが食事のあとにキッチンまで食器を持っていったとき、「あら！　ありがとう！　ママ、助かるわ！」

そんなことが、貢献をほめて、相手に「貢献の実感」を持ってもらうほめ方です。

あまり難しく考えず、どんどんほめてあげましょう。

「イベントの成功も、努力の結果だね！」

ⓓ 感動・喜びでほめる

貢献してもらった爆発的な感動や喜びを伝えます。


「ほんとに助かった!!」

「もうそこまでやってくれたの？　スゴすぎる！」

「このクオリティはすごいなぁ。全体にいい影響を与えるよ」

「刺激もらいました！」

ⓔ 尊敬してほめる

貢献してくれた行動もすごいが、それをした人が何よりすごいというほめ方です。


「チームに貢献した○○さんに対して、みんな尊敬していますよ」

「ここまでしてくれるのは、○○さんだからですね」

「○○さんがいたからこその成果です！」

「○○さんの日頃の地道な取り組みのおかげで実現できたと思っています」

ⓕ 感謝してほめる

「〜してくれた」「〜の役に立った」「〜のおかげで」という貢献へのほめ言葉は、ほとんどが感謝のほめ言葉です。「事実」＋「ありがとう」で、しっかりほめて、労《ねぎら》ってあげたいですね。

貢献をどう（HOW）ほめる？

ⓐ 認めてほめる

その人が何かに貢献していることを発見して認めるだけでオッケーです。

「そこまでやっておいてくれたんだ」

「心くばりしてくれているね」

「会議の調整してくれたんだね」

「前もって進めてくれてるようですね」

ⓑ 好感でほめる

昔、私は上司が魔法を使うように思えたことがあります。その上司と話していると、なぜかこちらの心の温度が上がるのです。あとで気づいたのですが、その上司は、私たちの小さな貢献を見つけて、それをプラスにとらえてほめてくれていたのでした。

「役に立つ情報だね！」

「早速の返信ありがとうございます！　とても助かります！」

「これ、社長にも知らせたいなぁ！」

「普通は、やろうと思ってもなかなかできないことですよね」

ⓒ 応援してほめる

貢献とは、その人の行動が誰かの役に立つことですから、「行動をほめる」のステップの例と、使う言葉は近いものになりますが、貢献の対象がプラスされることになります。

「お客さまのために頑張ったね」

「プロジェクトのために頑張ってるね」

「新人トレーニング、またよくなってきたね」

タスク❺

存在をほめる

「何を（ＷＨＡＴ）ほめる？」の最上級は何かというと、相手の存在そのものをほめること、相手のすべてを受け入れることです。

ほめ方は、やはり最高のほめ言葉、感謝でほめる「ありがとう」になります。

「いてくれてありがとう」

ただこれだけです。

「○○さんがいてくれるだけで、ほっとするわ」
「○○さんは、ほんとに欠かせない存在」
「○○さんがいないと困るんです」
「○○さんがいないと、なんかさみしいですね」

自分の職場や、仲間内や、地域や、家庭で、そんなほめ言葉をもらったら、本当にうれしいですよね。自分の見た目や、出した結果、能力や行動や貢献が認められてほめられるのもうれしいものですが、それらを全部含んでほめられたり、そんなものを二の次にしてほめられると、それこそ自分が全肯定された気持ちになります。

「存在をほめる」の究極は、**「全肯定」**です。

「ここにいてくれて、ありがとう」
「生まれてきてくれて、ありがとう」
「出会ってくれて、ありがとう」

慣れないと、少し言葉にはしづらいかもしれませんね。
まずは身近な人からでオッケーです。ご家族やパートナー、大切な仕事仲間から始めましょう。もしも、その人がいなくなってしまったら？　その人がいまそこにいてくれるありがたさが実感できるのではないでしょうか。

◉ほめ言葉もいらない、いちばん簡単なほめるスキル

ほめ言葉にしなくても問題ありません。**「この人がいてくれてありがたいなぁ」と、心の中で思うだけ**でも十分です。

「存在をほめる」は、ちょっと難しそうでいて、じつはいちばん簡単な、ほめるスキルです。相手の存在自体を認め、受け入れてしまえばいいだけですから、ほめ言葉もいらないのです。

私がある大手電機メーカーのサプライヤー企業の経営者の皆さんに〝ほめ達〟研修をさせていただいたときのことです。

研修が終わってから、何人かの経営者が感想を言ってくださいました。その中に、とても心に残り、講師としてうれしい言葉がありました。

「今日の松本さんのお話を聞いて、ちょっとショックでした」

ご自身のことを振り返りながら研修を受けてくださったようです。

「自分は部下をほめてるかな？　これからは部下をほめられるかな？　と、思ったけれども……」

そんなふうに前置きしたあとに、

「いろいろ考えたけれど、まずは、ほめる以前のことなんだと思いました！」

私の目をまっすぐに見て言われました。

「部下をしっかりと見てあげているかどうか？　目を見て話を聞いているか？　まずは、そこからなんですよね」

「仕事を見るより前に人を見る。それだけでいいんだと思いました」

ステキな言葉でした。


「仕事を見る前に人を見る」――まさにそれこそが、相手の存在を受け入れること、存在をほめることです。

まずはその人自身にしっかりと向き合うこと。

じつはそれだけで、その人の存在をほめたことになってしまうのです。

見た目、結果、行動、貢献など、すべて二の次でかまいません。

相手とまっすぐに向き合うこと。

これが、相手の存在を認めることであり、最上級のほめ言葉となるのです。

さらに、シチュエーション別ほめるスキルを第8章でお伝えします。

第7章

「モノをほめる」「出来事をほめる」エクササイズ

◇モノ・出来事の価値の発見は、ビジネスチャンスの発見！

さて、次は「モノをほめる」「出来事をほめる」です。この2つのフローは、ほめるスキルの真髄となります。そして、まさにビジネスに直結していきます。

なぜなら、モノや出来事をほめるのは、お世辞とはまったく違うからです。「他人をほめる」フローでは、またどうしてもお世辞やヨイショすることから抜け出せない方もいるかもしれませんが、モノや出来事をほめるとなれば、もうそんな話ではないと気づいていただけるのではないでしょうか。

◇身のまわりのものをほめてみる

まずは準備運動として、身のまわりのものをほめるゲームをしてみましょう。

このゲームは、ほめ脳（ほめる脳）をつくるストレッチのようなもの。私は、テレビのバラエティ番組に呼ばれるとき、タレントさんたちによく遊び感覚でやってもらっています。左の問題は、バナナマンのお二人や、ブラックマヨネーズのお二人、また、女性アイドルの皆さんなどにも実際にやっていただいたものです。

このようなものをどうほめますか？

たわし　↓　「　　　　　」
急須　↓　「　　　　　」
カラーコーン　↓　「　　　　　」

いかがでしょうか？　うまくほめられましたか？
芸人さんやアイドルの皆さんはさすが、言葉を仕事にされているので、「制限時間10秒！」とお願いしても、すぐに答えを出していました。

たとえば、「たわし」。

「手にしっかりとおさまるフォルムがいいね！」
「掃除しながら手のツボを刺激して、元気になれるかも！」

「時代を超えて愛されつづけるのがすばらしい！」

「さまざまなシーンで活躍している！」

「何よりかわいい！」


どうでしょう、たわしがものすごく魅力的に見えてきますね。

次に「急須」。これは、光沢がある赤茶色のよく見かける常滑焼《とこなめやき》のものでした。


「ぽってりとした姿が、何より落ち着く！」

「おばあちゃんの優しい手を思いださせる！」

「どこで使っているのも同じ形ってことは、究極の形なんだろうね！」

「このおちょぼ口みたいな細い口だから、最後の一滴までお茶を出せそう！」


最近はペットボトルのお茶ばかりという方も、思わず急須でお茶を飲みたくなってしまいませんか。

最後は「カラーコーン」。工事現場などにある、赤い円錐形《えんすいけい》の保安標識ですね。

昨年、私が出たテレビ番組で、ある女性アイドルが、この問題のときに、すかさずカラーコーンの前にひざまずいて、笑顔でカラーコーンに抱きつきました。

「大好きー！　車から私を守ってくれて！　家の前に駐車されないようにしてくれたり！　ずっと昔から、いつも一緒にいてくれてありがとう！」

できたら私もカラーコーンになりたいと思うほど、カラーコーンがうらやましく、また、魅力的なものに見えてきました（笑）。すばらしすぎました。

私たちは普段、たわしも、急須も、カラーコーンも、まったく無意識に見ています。それが必要なシチュエーションには、当たり前にあるものとして使っています。まして、昔からあるものには新しさも魅力も感じないですよね。

それが、**価値を発見しようとする視点に立つだけで、当たり前だった存在に光が当たり、とても価値があるものだとわかってきます。**

この視点をビジネスに活かし、最強のビジネススキルにしていきましょう！

◇自分の仕事に価値を発見する！

私は大学4年の秋から、アルバイトとして、さだまさしさんのツアースタッフをしていました。最初は、ステージセットや楽器のセッティングの手伝いです。大半が力仕事でした。

朝、トラックから機材を会場に搬入し、ステージをつくり、終わるとバラして、またトラックに積みこむ。毎日毎日、荷物を下ろして、組み立て、バラして、積みこむ。そのくりかえしでした。

もちろん、好きで始めたことですので、毎日楽しんではいたのですが、何十キロもあるスピーカーを抱えて上げ下ろししなければならなかったりすると、文化系でやせた私にはたいへんでした。

ある移動日、私は11トントラックの助手席に乗せてもらいました。ドライバーさんは、コンサートや舞台専門の運送会社の方でした。さだツアー担当として、もう何年も全国をまわっています。私は気遣いのつもりで、そのドライバーさんに言いました。

「毎日たいへんですよね。重い機材を上げたり下ろしたりで！」

いま思えば、大学生バイトのわかったような発言に、カチンときたのだと思います。

「たいへんじゃねぇよ」

そう言ったきり、しばらく沈黙。気まずい雰囲気になりました。

ただ、その方はとてもいい方で、そんな私にも思いを伝えてくれました。

「俺らが運んでるのは機材だけどよ、届けてるのは感動なんだよ」

しびれる名セリフです。確かに、トラックの荷台に積んでいるのは、機材や楽器。それを音響や照明の舞台スタッフがステージに組み上げて、さださんをはじめミュージシャンたちがすばらしいコンサートを行う。そうして観客一人ひとりに届くのは、まさに感動です。それはまた、元気であり、「明日も頑張ろう」という勇気だったりします。

自分の仕事にそこまでの価値を見つけている。学生だった私は、ただそのセリフの格好よさにしびれただけでしたが、いま思えば、その人は、まさに自分の仕事に価値を見つけて、自分の仕事が誰にどんなふうに役に立っているのか、世の中に貢献しているのかを理解して働いていたのです。

このように自分の仕事の目的を知って、価値を見つけ、やりがいを持ってするのと、ただただ荷物の上げ下ろしやトラックの運転を単なる仕事と思ってするのとでは、仕事への向き合い方はもとより、仕事の質も変わってくるのではないでしょうか。

どうですか、自分の仕事の価値を一度書きだしてみませんか？

「〇〇を通して、〇〇の役に立つ」
「〇〇（誰か）を、〇〇に（元気に、笑顔に、快適になどなど）する！」

などがヒントになるかもしれません。

自分の仕事の価値

◇やりがいを持つ

仕事の価値は、何段階にも深めることができます。

次も私の経験ですが、ご参考になればうれしいです。

私が家業のガソリンスタンドを手伝いはじめた頃のことです。当時、規制緩和によって安売り競争となり、スタンドにセルフ化の波がやってきました。私の店のような下町の古いスタンドは生き残りが難しくなりました。ガソリン販売のマージンでは人件費も出なくなってしまったのです。そこで、どこのスタンドも、タイヤ販売や整備、洗車などに力を入れはじめました。私のスタンドでは洗車に力を入れることにしました。それがいちばん、お客さまに喜んでもらえると思ったからです。

看板や新聞折込チラシなどを使って宣伝し、ありがたいことに洗車の地域一番店になることができました。１台の洗車機で１日の洗車台数１８５台という、当時の業界記録を出したこともあります。

ただ、そこまでの道のりにおいて、私は自分自身や従業員の意識を、何段階か変えていく必要がありました。それこそ、**仕事の価値の深掘り**です。

作業服を着て、暑い真夏も凍るような真冬も、外で走りまわっている私たちにとって、洗車は最初、「作業」のひとつでしかありませんでした。お客さまの車を洗車機に通して、拭いて、終わり、です。

これでは、お客さまに大いに喜んでもらえる仕上がりになるわけがありません。

そこで私たちは、

「洗車機で洗うだけじゃなく、車をきれいにすることなんだ」

と意識を変えたのです。

これは大きな変革です。洗車の仕上がりが変わりはじめました。

しかし、それだけではまだ足りません。何が足りないのでしょう？

「車をきれいにする」という気持ちでは、車しか見ていないのです。モノしか見ていません。先ほどの楽器や機材の運搬もそうですが、**モノは必ず、誰かの役に立つためにある。**すべての仕事は誰かへの貢献です。

私たちがきれいにする車は、誰のためにあるのか？　何のためにあるのか？

そこで次の段階です。

「洗車とは、お客さまを快適にするためにするものだ」

この発想を持つようになって、洗車の質が一気に上がりました。

快適にするためには、泥のつきやすいドアステップを拭くタオルと、ワックスのついているボディを拭くタオルと、少しの泥やワックス成分が付着しても曇りが出てしまう窓を拭くタオルを色分けして、使い分け、洗濯も別にする。洗車の最後に、車をお客さまに引き渡す前に、湿ったタオルでハンドルやシフトレバーをしっかりと拭いて、私たちの手の汚れを残さないようにしたり、お客さまが乗った瞬間にヒヤッとした感触を得てもらえるようにハンドルの温度を下げたり、「きれいになったな、快適だな」と清涼感を感じてもらう工夫をして、当時のガソリンスタンドの洗車としては次元の違うレベルになりました。

そんな洗車をして、店の評判がよくなってきたところで、私たちはもう一段階、仕事の価値の深掘りをしました。

そして「洗車はお客さまを笑顔にする」と気づいたのです。

洗車とは、車を洗うだけではない。きれいにするだけではない。快適にして終わりではない。お客さまを笑顔にするものだ。

つまりは、**お客さまを幸せにする**ことなのです。

どんな仕事でも、必ず誰かの笑顔や幸せにつながっているはずです。自分たちにとっても、お客さまにとっても、価値があることをしているのだと、やりがいを持って働きたいですね。

◇人生に失敗はない、成長があるだけ

145ページで紹介したように「失敗は財産」です。なぜならば、大きな成長につながるから。そう考えれば、じつは人生には失敗などありません。成長があるだけです。普通、望む結果が出なかったことを「失敗」と呼びますが、それで人生はゲームオーバーというわけではありません。それでも人生は続きます。

私たちは、自分自身の人生を振り返ると、失敗したり、トラブルがあったりして、うまくいかなかったときこそ、成長してきたと気づくのではないでしょうか。

失敗したら、もう二度と同じ過ちをくりかえさないように、しっかりと気構える。違うアプローチで再挑戦する。そして、ピンチのたびに私たちは成長してきました。**失敗やピンチこそが、いまこうして頑張っている私たちをつくりあげた、大きなチャンスだ**と考えられます。

人生において成功を手にすることは、誰もができることではないかもしれませんが、成長しつづけることは誰にでもできます。
まずは、過去を振り返り、「すべては成長の糧《かて》だった」ととらえ直し、勇気を持って未来へ進んでいきましょう。

では、練習問題です。

いま、この瞬間、あなたは、それぞれ、左右どちらの言葉を選びますか？

「今日も疲れた……」
「今日も充実していた！」

「私の人生、ほんと、しんどい……」
「私の人生、ほんと、頑張ってる！」

「きつい出来事だったな……」
「スパイスきいてたぜ！」

言葉を変えると、価値が変わります。言葉選びで過去も選べます。

◇パワー・クエスチョン❶「これは、何のチャンス？」

これからの人生でも、いろいろな出来事が起こるでしょう。ピンチのとき、それをチャンスに変えるために〝ほめ達〟がオススメしている言葉があります。

「これは、何のチャンス？」

こう、自分自身に問いかけるのです。

これは、**脳を再起動させて最大のパフォーマンスを発揮させる質問**です。ですから、

〝ほめ達〟ではパワー・クエスチョンと呼んでいます。

過去のピンチを成長やチャンスに変換できた私たちですから、いま直面しているピンチ、未来に起こるピンチも当然、チャンスに変えられます。

よく「ピンチはチャンス！」と言いますが、それとはちょっと違います。「ピンチはチャンス！」と言うだけでは、自分に発破《はっぱ》をかけて、無理やりそう思いこもうとするだけであり、解決につながらない場合があります。

そのレベルでは、ビジネスシーンや、私たちが本当に活力を持って毎日暮らすためには役立ちません。

「これは、何のチャンス？」は、脳に対する質問です。そしてあなたを、どんなピンチのときであっても頼もしい人にしてしまう質問です。

脳には、質問されるとなんとか答えを出そうという機能があるため、いろいろな可能性や選択肢を探りはじめます。

「いま起こっていることはたいへんなことだけれど、**これはきっと、将来の自分のための何かのチャンスに違いない。**だとしたら、どんな解決策があるだろうか？」

と、あなたの脳が全力で思考してくれます。

「うわ〜、イチオシと考えてたプランA、台無しだな……」

と落ちこむのではなく、

「これは、何のチャンスだ？　プランBを最大限に磨くことで『プランAより、むしろ、よかったですね！』とチームのみんなに喜んでもらえるチャンスかもしれない。この危機を乗り越えたら、みんなで派手にお疲れさん会をして大騒ぎできるぞ！」

こんなふうに考えれば、どんなときでも推進力を維持して、ビジネスに、日々の暮らしに向き合うことができるようになります。

もちろん、人の命にかかわることなど、深い悲しみをともなうような出来事のときに「これは、何のチャンス？」とは思えません。そんなときにまで、この問いかけをする必要はありませんが、ビジネスや日々の暮らし中でのピンチや、人間関係でのピンチ、困った出来事が起こったときにはぜひ、「これは、何のチャンス？」と、自分に問いかけてください。

◇パワー・クエスチョン❷「どのようにしたら?」

「これは、何のチャンス?」と問いかけて脳を再起動させたあと、さらに最大の成果を引き出すための、これまた強力な問いかけがあります。

「どのようにしたら?」


これは、**実際の解決策や選択肢を、脳に探しだしてもらうための問いかけ**です。

たとえば、「自分の発注ミスで納期が遅れそうだ!」というとき。大ピンチですよね。お客さまにも、社内の関連部門にも大迷惑をかけてしまいます。自分の評価も下がります。こんなときに、

「これは、何のチャンスだろう?」

先の言葉を脳に問いかけると、たいてい最初に返ってくる答えは、

「チャンスじゃねぇだろ!　ピンチだろ!」

そりゃそうです。それでも、何度もしつこく「これは、何のチャンス?」「何の

チャンス？」と質問しつづけます。すると、

「相当たくさんの関係者にお世話になるし迷惑もかけるわけだから、なんとか乗りきりながら、その人たちにしっかりと誠意を見せよう。そうすることで、『あいつはミスしたけれど、そのあと全力でできることをして、きっちりと謝っていたよ』といい印象を残してもらえるチャンスかも……」

と、少し弱々しくても答えが返ってくることでしょう。

そこで次に、

「どのようにしたら？」

と自問します。これがパワー・クエスチョン❷です。

「まずは関連部門に確認して現状の進行具合を把握することだ。その前に、部門長に謝って相談しよう」

などと、具体的な解決策が出てくるはずです。

◇パワー・クエスチョン❸「どれくらいすごく？」

もちろん、「どのようにしたら？」だけでも十分に問題解決ができますが、さらに

さらにパワー・クエスチョン❸があります。

「どれくらいすごく?」

これは、**スケールの大きな解決策を導きだすための問いかけ**です。

「どのようにしたら、うちの会社の歴史に残るくらいに、迅速《じんそく》で、ていねいなリカバリーをしたって言われるだろう」

「どのようにしたら、上司が腰を抜かすほどの名案が出てくるだろう」

答えにつける飾り文句は「日本一!」とか「歴史に残る!」とか「業界ナンバーワン!」とか「自分史上最高の!」など、できるだけ大げさにするのがコツです。

この大げささは、ばかばかしいようでいて、自分のブレーキやリミッターをはずしてくれます。また、大きく出ることで逆転ホームランを狙うこともできます。

「これは、何のチャンス？」

「どのようにしたら？」

「どれくらいすごく？」


この3つのパワー・クエスチョンによる自分の脳への問いかけは、ピンチでなくても、日常のさまざまな問題解決や、アイデアを考えているときにも効果的です。ぜひ、スマホにメモを残してください。

第8章

シチュエーション別
「ほめるスキル」を手に入れる！

◇愛の反対語は「無関心」

これは、マザー・テレサも語った有名な言葉です。

「愛」の反対語は「憎しみ」ではありません。「無関心」です。関心を見せないのは、いちばん愛からかけ離れること、相手の存在の否定です。

逆に、**相手に関心を持つということは、それだけで愛につながります。**

私は、損害保険会社で営業マネージャーをしていた頃、チームメンバーの朝の報告や相談を、パソコンに向かってキーボードを打ちながら、さしてうなずきもせずに聞いていました。まさに、相手の存在を否定する話の聞き方です。

すると、若いメンバーはどんどん緊張し、こわばり、しどろもどろになります。まだまだ「ほめる達人」になりきれていなかった私は、そんなメンバーを見て、「要点がまとめられないやつ」

なんてレッテルを勝手に貼ってしまっていました。いま思えば申し訳ない話で、反省しています。彼らのパフォーマンスを下げていたのは私自身でした。

「ほめるのは苦手！」

「いままでとキャラを変えて、いきなり部下をほめはじめたら変に思われそう！」

そんな方はぜひ、相手に感心を持ち、これから述べる「ふた言あいさつ」「目で握手」「話の聞き方8つのポイント」を、こっそりと試してみてください。

◇最上級のほめ言葉になる「ふた言あいさつ」

毎朝、あなたは職場でどんなあいさつをしていますか？

「ほめるあいさつ」として、〝ほめ達〟がオススメしているのは「ふた言あいさつ」です。

いつもの「おはようございます」をひと言で終わらせずに、**もうひと言足して、ふた言にする**――ただそれだけです。

なんでもいいので、ひと言足してみましょう。

「おはようございます。今朝も冷えこみましたねぇ」

「おはようございます。今日も朝からいい笑顔ですねぇ！」

「おはようございます！　昨日のサッカー、見ました？」

たったこれだけのことですが、

「あっ、うちの上司、私に感心を持ってくれている」

「私を見守ってくれている」

「私を受け入れてくれている」


言われた相手は、そんなふうに思えます。

なぜならば、ふた言目を言おうとすると、必ず相手のほうに向いて、目を見て言うことになるからです。「おはようございます」だけなら、そっぽを向いても言えますが、**ふた言目を言おうとすると、相手にしっかりと向き合います。**それがまさに、相手に感心を持ち、相手の存在自体をほめることにつながるのです。

そういう意味では、ふた言目はワンアクションでもオッケーです。

職場に誰かが「おはようございます」と言いながら入ってきたときに、あなたがパソコンに向かって仕事をしていたら、うつむいたまま「おはよう」と返すのではなく、**相手のほうに体を向け、顔を上げて「おはよう」と言いましょう。**それだけで「ふた言あいさつ」と同じ効果になります。「あっ、今日も私のこと気にしてくれているな」――そんなふうに相手に伝わります。

さらには**「あっ、おはよー！」「おー、おはよう！」**など、「あ」や「お」の1文字でも十分です。「あ」や「お」の1文字を言っている瞬間、あなたは必ず、相手と向き合っています。

向き合うことが、相手を受け入れることであり、相手の存在をほめることです。

ぜひ、この1文字をプレゼントして、誰よりステキなあいさつにアップグレードしていきましょう。

こうした「ほめるあいさつ」を始めると、あなたにも、あなたの周りにも、劇的にプラスの変化が起こりはじめます。

◇相手の目を見るだけで、ほめ言葉になる「目で握手」

相手の目をしっかりと見ることは、それだけでほめ言葉になります。これは、あいさつの場面だけでなく、いつでも使える「他人をほめる」スキルです。

〝ほめ達〟では、これを「目で握手」と呼んでいます。**握手は友好の証《あかし》し。**相手を受け入れている証しです。

相手のほうをなんとなく向くだけではなく、なんとなく目を見るだけでもなく、ちょっとだけ意識して、**握手をするときのように目を見る。**「目で握手」をした瞬間に、相手は自分の存在を認められたと感じてくれます。

さらに、この「目で握手」も「ふた言あいさつ」も、うれしいオマケがついてきます。それは、あなたが魅力的に見えてしまうことです。

人間は、無意識な状態より、意識的な状態のほうが瞳孔（ひとみ）が拡張するといいます。そして、**瞳孔が拡張している人ほど魅力的に見える**という研究があります。

アメリカの心理学者で行動経済学者のダニエル・カーネマンが、著書『ファスト&

スロー　あなたの意思はどのように決まるか？』（村井章子訳、早川書房）の中で、瞳孔の研究を取り上げています。

写真を2枚見てもらう実験をしたところ、どちらも同じ女性を撮影したものですが、片方のほうが、もう片方よりずっと魅力的に見えるという結果が出たそうです。「両者の違いはただひとつ。魅力的に見える写真は瞳孔が拡張しており、もう片方は収縮していることだ」と、カーネマンは書いています。

しっかりと相手に意識を向けて、見つめるだけで、自分が魅力的に見えてしまうのならば、とてもうれしいですね。

ちなみに、「目で握手」をするとき、どのくらいの時間、アイコンタクトをとるか、ですが、あまり長時間では相手も不快に感じますし、短すぎたら伝わらないかもしれません。

イギリスの科学雑誌『Royal Society Open Science』によると、**心地よいとされるアイコンタクトの時間は約3・3秒**だそうです。個人差もあると思いますが、ぜひ「目で握手」を試し、相手の存在を認めて、相手から魅力的に見える人になりましょう。

◇「話の聞き方」だけで、ほめ言葉になる

「ふた言あいさつ」「目で握手」、どちらもちょっとしたことですが、意識的にすると、しっかりと相手の存在を認める態度になります。それだけで、相手にほめ言葉のように伝わります。

さらにもうひとつ、受け身な態度ですが、相手の存在をほめる方法があります。

それは「話の聞き方」です。

相手の話をしっかりと聞くことは、相手を受容し、承認し、重視する態度であり、相手をほめることにつながります。

相手をほめることになる「話の聞き方」には８つのポイントがあります（左ページ参照）。

たとえば、タレントの明石家さんまさんのリアクションを思いだしていただくとわかりやすいでしょう。

相手をほめることになる「話の聞き方」

① 目を見る
② うなずく
③ 相槌《あいづち》を打つ
④ くりかえす
⑤ メモをとる
⑥ 要約する
⑦ 質問する
⑧ 感情をこめる

「ほほっー！　そうなん！」

「そうかぁー、たいへんやったんやなぁ！」

「おもろいなぁ～」

「メモ、メモ！」

「そんとき自分、実際、どうしたん？」


さんまさんにこんなふうに聞かれると、相手はどんどんノッて話をしますね。

さんまさんに限らず、相手の話をしっかりと聞くことは、相手の存在をほめることであり、**相手のパフォーマンスを上げる**ことができます。

逆に、相手の話をしっかりと聞かない態度は、相手の存在を否定することにつながり、相手のパフォーマンスを下げます。

◇上司をどうほめる？

「部下や同僚、家族をほめることはできそうだけれど、上司はどうほめたらいいの？」

ビジネスのうえでは重要なことですよね。

日本では、目下の者が上の立場の人をほめることはおかしいと思われていました。しかし、〝ほめ達〟がオススメする「ほめる」は意味合いが違います。それは勝手な解釈ではありません。**相手が「ほめられた」と思う感覚**を大事にすれば、「ほめる」意味は広がるからです。

91ページで述べたように、ⓐ認める（共感）、ⓑ好感、ⓒ応援、ⓓ感動・喜び、ⓔ尊敬、ⓕ感謝でほめるとなれば、目上も目下も関係なくなりますね。

「○○部長の判断、とても勉強になります！」
「○○課長、そのアイデア、すごくワクワクしますね！」
「○○さんのロジカルさが、このプロジェクトの背骨ですよね！」

上司が、下の者に上から目線で評価されたらプライドが傷つきますが、尊敬、リスペクトされるのであれば、うれしいものです。これは親子関係でも同じです。

もちろん、ほめるスキルを極めたほめる達人は、上の立場から下の立場の方を尊敬することもします。後輩たちや子どもたちは、いつか必ず自分を抜いて、未来をつくっていく存在です。しっかりと尊敬したいですね。

◇メールでほめる「20文字のプレゼント」

メールやSNSでのコミュニケーションが、いまの私たちには重要なものになりました。

取引先はもちろん、社内でも会ったことがない、声も聞いたことがない人と日常的にメールで仕事をすることもあります。

メールにほんのひと言のほめるスキルを使うだけで、見えない相手との関係が劇的に変わります。相手を元気にし、毎日の業務が驚くほどうまく進んだり、もしくは、自分が知らないところでプラスに評価されたり、引き立てられたり、奇跡のようなことが起こります。また、考え直したり書き直したりすることができるのも、「メールでほめる」メリットです。

普段の業務の中で長いほめ言葉を書く必要はありません。私がオススメするのは、最大で「20文字」のプレゼントです。

俳句は五七五の17文字ですから、俳句とそう変わらない長さです。

たとえば、普段のメールを見てみましょう。

「ご照会いただいた件ですが、問題ありませんので進めてください」

「早速のご確認ありがとうございます。承知いたしました。では進めさせていただきます」

このようなメールでも十分に業務は成り立ちますし、無駄がなくてよいと思います。

ただ、こうした業務メールを続けていると、相手との関係から生まれるエネルギーやシナジー効果が少なくなります。

そこで、20文字のプレゼントを足していきます。

「ご照会いただいた件ですが、問題ありませんので進めてください。**短い納期でたいへんですね！**」

「早速のご確認ありがとうございます。承知いたしました。**おかげでドライブがかかりました！**　では進めさせていただきます」


どうでしょうか？　同じ業務メールですが、温度感が変わりますよね。

これは今日からさっそく使えるスキルです。ぜひ、ご参考に！

◇ほめるメールは「ほめ達・新ＫＹ」で！

さて、「20文字といっても、すぐには思いつかないなぁ」という方でも大丈夫です。

この20文字のプレゼントを簡単に実現するヒントを紹介します。このヒントに沿って発想していけば、何十通りの20文字でもすぐに思いつきます。

それが「ほめ達・新ＫＹ」です。

ＫＹといえば、ひと昔前、「空気が読めない」「空気を読め」の意味で流行した言葉です。最近は価値観が多様化する中で、以前のように全体を一つの空気に固定することが危険と思われはじめ、使われなくなりました。
「ほめ達・新KY」は、それとはまったく関係ないのですが、こじつければ、「その場の空気をよみがえらせる効果がある」と言ってもいいでしょう。
メールに限りませんが、91ページで紹介した「何を（WHAT）ほめる？」「どう（HOW）ほめる？」の中で、比較的使いやすく、相手を元気にしやすいのが、次のKとYです。

K：貢献、共感、好感、感動、感謝
Y：喜び

これを20文字のプレゼントとしてメールに足していくのです。

「このアドバイスは本当に助かります！」貢献
「毎日暑くてたいへんですね！」共感

「いつも本当に仕事が速いですよね！」好感
「この企画書はスゴすぎます！」感動
「迅速なご対応、本当にありがとうございます！」感謝
「気にかけていただき、本当にうれしいです！」喜び

もちろん、これ以外でもオッケーですが、20文字がすぐに思いつかなかったときに、「KY！　Kってなんだっけ？　あっ、貢献か！」などと思いだしていただければ、驚くほど相手に元気を与えられるメールになります。

その恩恵として、相手もこちらを好意的に見てくれます。もちろん、ほめるのは見返りを求めるためではありませんが、ほめることでプラス方向のスパイラルが始まり、とてもいいシナジー効果が得られます。

損害保険会社の経営企画部時代、私は会ったことのない役員秘書の方から、役員とのミーティングのスケジュール変更のメールをもらったとき、
「その日程、私にとって逆にうれしいです！」

なんてメールを返しておいたことで、実際に役員秘書とお会いした際に「あの松本さん？」と、最初からとても好意的に接していただいたことがあります。

「ほめ達・新ＫＹ」、ご活用ください。

◇魔法のワザ！　質問でほめる

相手の存在をほめるために、とても高度で、それでいてじつは簡単なスキルがあります。

それは「質問でほめる」。

「魔法のワザ」と言ってもいいかもしれません。

この「質問でほめる」は、どんな相手にも使えます。ビジネスでも、プライベートでも、もちろん有効です。中でも営業や販売には非常に適しています。上司や年長者にももちろん使えますし、家族や恋愛関係でもバッチリです。

ほめ言葉は必要なく、ただ質問すればいいだけ。ポイントは２つです。

▼相手の価値を発見するために質問をする

▼相手に興味を持って質問をする

相手の価値を発見することこそが、〝ほめ達〟が言う「ほめる」です。質問することで、相手の魅力やすばらしさ、強みなどを見つけていきます。そのためには、相手に興味を持たなくてはなりません。相手に興味を持って、相手の価値を探して質問するだけで、ほめ言葉がなくても相手を強烈にほめていることになります。


「どうして、そのようなアイデアを思いついたのですか？」

「それは、いつ頃だったのですか？」

「そのとき、不安などはなかったのですか？」

「実際にやってみてどうでした？」


つまりはインタビュアーになりきることです。じつは、ただ質問するだけであっても、自分の質問に対する相手の答えに相槌《あいづち》を打っていると、そこには、ほめるスキルの基本、「どう（ＨＯＷ）ほめる？」の ⓐ認める（共感）、ⓑ好感、ⓒ応援、ⓓ感動・喜び、ⓔ尊敬、ⓕ感謝が自然と混ざっています。

「たいへんだったんですね」認める（共感）
「それはいいですね！」好感
「ずっと頑張っておられますね」応援
「いやー、感動します！」感動・喜び
「それは普通、思いつかなくないですか？」尊敬
「いいお話を聞かせていただき、ありがとうございます」感謝

質問は、相手が自分自身では気づいていない魅力まで引き出します。

「営業力は質問力」などとも言います。
「質問でほめる」スキルを身につけると、営業に限らず、ビジネス・コミュニケーションで大きな成果を出していくことができます。

私が損害保険会社の駆けだし営業社員だった頃の話です。
もともと、お世辞など得意ではなかったために、お客さまにいいことを言って気持ちよくさせようというつもりなど最初からありませんでしたし、できませんでした。

一方でまた、お客さまとの商談の際に、いくら自分の扱う保険商品のメリットを上手に説明したところで、契約にはなかなか結びつかないと感じていました。

ある営業先でのこと。夕方からのアポイントで、その企業の社長と二人だけでお会いしました。いつものセールストークを言っても、やはり相手には響かずに、ありがちな「検討しておきます」というお答えになってしまいました。

もう席を立とうというときに、

「ところで社長は、地域のおつきあいなどもお忙しいのですか？」

と、ひと言、質問したところから話が広がり、いろいろと質問していくうちに、社長の本当の思いや苦労が見えてきました。

私は感銘を受けて、

「だからこちらの会社は、地域の顧客に支えられてずっと続いているのですね」

と、素直な感想を申し上げたときに、社長の目にうっすらと涙がたまったように見えました。

その社長とはいい関係ができ、その後、たくさん契約をいただくようになりました。

自分のことは自分がいちばんよくわかっているようでいて、じつはまったくそうではなかったりします。人に質問され、それに答えることで、自分自身を再確認することができます。

つまり質問は、相手に自分自身のすばらしさを再確認させるだけでなく、自分では気づいていなかった価値、魅力や能力、強みを見つけだすきっかけにもなるのです。

何よりも、誰かに興味を持ってもらえること自体がうれしいことです。興味がない相手に質問はしません。次々に質問されれば、とても興味を持たれていると感じますよね。

◇噂でほめて、人間力のある人になる！

さて、人の噂で、自分がほめられていることを知ったら、とてもうれしいですね。

本人から直接ほめられるのもうれしいですが、自分がいないところでほめられると、お世辞などではなく、本当にそう思ってくれているように感じられて、さらにうれしい気持ちになれます。ですから、その場にいない人のこともどんどんほめてあげたいですね。

目の前にいない人のことをほめる人は、間違いなく好感を持たれます。

「この人はお世辞を言うような人ではない。客観的に相手のいいところを見ている人なのだ」と思われます。

逆は、やはりよろしくありません。本人がいないところで悪口を言う人は、「よそでは自分の悪口を言っているかもしれない」と思われます。

ちょっと前までは、悪口を肴《さかな》に酒を飲むなんて時代がありました。それは、「ダメ出し」で成り立っていた時代、社会の誰もが同じゴールを目指していた時代でした。終身雇用で企業戦士として定年まで勤めあげることが求められていましたから〝ダメ出し飲み〟も当たり前だったのかもしれません。

いまの社会は、目指すゴールも、価値観も多様化しています。ほめるスキルでさまざまな価値を発見し、多様なゴールを目指しましょう。

そこで、**その場にいない人をほめる〝ほめ出し飲み会〟がオススメ**です！

いい噂は、不思議と本人に届きます。やはり、人は相手が喜ぶことを伝えたくなるのでしょう。

「このあいだ、○○さんがほめてたよ！」

という具合に、伝えてあげたくなるものです。

それを聞いた本人はうれしくて元気になり、ほめてくれた人はもちろん、伝えてくれた人にも好感を持つ、というオマケがつきます。

噂でほめて、本人と面と向かわずに元気にする――これができれば、「ほめる達人」として相当なスキルです。「人間力」のある人にアップグレードされたと言えるのではないでしょうか。

第9章

プライベートに活かせてこそ、最強のほめるスキル！

◇ほめる達人は、なぜモテる？

「なんか、前よりモテるようになってしまって、正直ちょっとうれしいんです！」

「四十代後半！　もう恋愛はないだろうと思っていたのに最高の相手が見つかりました！」

「〝ほめ達〟研修のおかげで、結婚しちゃいました！」

ほめるスキルを手に入れて「ほめる達人」になった方とお酒を飲むと、時々そんなうれしい報告を聞きます。


「ほめる達人」は、なぜモテるのでしょうか？

ほめ言葉で相手の気分をよくするからでしょうか？

きっとそれもあるでしょう。ただ、ほめ言葉で相手の気分をよくすることを目的にすると、軽く見られたり、チャラい人と思われたりしてしまいます。

「ほめる達人」がモテる理由は何か？　それは相手の側から見るとわかってきます。

「ほめる達人」がモテる理由

・いつも笑顔でいる

・周りの人に、いつも感謝している

・食事のときも、無言ではなく、「おいしい、おいしい」と食べている

・ピンチのときでも、落ち着いて行動している

・好奇心が強く、何ごとにもアンテナを張っている

・何ごとにも楽しみを見つけるので一緒にいて楽しい

・こちらの話をしっかりと聞いてくれる

・なにかにつけて「ありがとう」と言ってくれる

・いつも応援され、見守ってくれていると感じる

・自分が気づかなかった価値を発見してくれる

・短所を長所に変換してくれる

・成長させてくれる

こりゃ、モテますね（笑）。

性別に関係なく、こういう異性は間違いなく人に好かれます。ビジネスでも、プライベートでも、幸せな人生を送れそうな人ですものね。まさに、「人間力」のある人に思えます。

「ほめる達人は、モテる達人」とも言えそうです。

この本はビジネスの本ではあるものの、ビジネスでうまくいくには、プライベートも大切です。もっと言えば、**ビジネスの課題もプライベートの課題も、「人間関係」と「人間力」ですべて解決できるはず。**

さあ、「ほめる達人」になって、遠慮なくモテてしまいましょう！

◇婚活やデートでも、ほめるスキルでブレイクスルー！

婚活にも、ほめるスキルは有効です。その理由は、まさに**「相手を減点法で見るか、加点法で見るか」**の差と言えます。

私たちはつい、ダメ出ししがちです。相手の欠点はいくらでも見つかるので、減点

法でどんどんマイナスしてしまいます。自分が相手に望む条件（スペック）と比べて、

「なんとなくここが違う」

「ここもちょっとな……」

と減点していくと、恋の持ち点は意外と少ないですから、すぐに合格点を割りこんでしまい、場合によっては0点を割りこむどころか、マイナス評価にまでなってしまうこともあります。

それを加点法に変えてみる。美点凝視するのが、ほめるスキルです。

「こういうところ、ステキだな」

「意外と面白い人かも？」

そんなふうに加点法で見ていくと、思いのほか、自分が大切にしている部分と響きあい、合格点を超えて、100点どころか何百点にもなります。

相手の魅力が100点を突破してしまうこと。それを恋というのでしょう。

そこにはもう、スペックや評価はなくなってしまっています。

ほめるスキルは、そんな恋のブレイクスルーを起こさせるのです。

◇停滞した夫婦関係も、たったひと言でリカバリー

〝ほめ達〟研修や講演を聴いてくださった方から、しばらくして「こんないいことがありました！」と、報告をいただくことがたくさんあります。

仕事やプラベートで驚くほどの変化が生まれ、部下や周りの人ととてもいい関係ができたり、自分自身が元気になったりしたという報告です。一方で、

「妻だけは、ほめづらくて！」

「夫だけは、ほめにくいんです！」

そんな声もよく聞きます。やはり、いちばんハードルが高くて、手強い相手は、人生のパートナーなのかもしれません。

そんなとき、私は、

「無理にほめなくてもいいんですよ。**相手のいいところや感謝すべきところを探す目**

を持つだけでも十分に〝ほめる達人〟です！」

と、アドバイスします。

そんなことをお話しした、ある女性から聞いたエピソードです。

その方は30代で、小さなお子さんが１人、共働きです。夫は家事もあまり手伝ってくれないし、家にいるときはスマホばかりいじっていて会話もなく、同居の他人のように思っていたと言います。

そんな夫のいいところを探そうとしても、やはり見つからないな、と思っていた数日後のこと。

「夜、夫がなんとなくため息をついたんです」

普段だったらそんなことに気づかなかったかもしれないし、また、気づいても話しかけなかったでしょうが、そのときは、

「どうしたの？」

と、聞いてみたそうです。

「すると夫は『仕事がたいへんなんだ』と、ひとしきり話をしてくれたんです。私

はただ聞いていて、最後に『**あなたも頑張っているのね**』と言うと、『**聞いてくれてありがとう**』って言ったんです。そのときから、夫婦の空気がなんだか一気におだやかに、あたたかくなりました」

と、彼女は話してくれました。

うれしいですよね。ステキなお話です。

相手にしっかりと向き合って、相手を思い、声をかけたり、質問したりするだけで、相手を応援し、存在をほめる、ほめ言葉になったりするのです。

◇子どもたちも〝ほめ達〟な親を待っている

子育てでも、ほめるスキルはとても重要なことです。

「子どもをほめて育ててはいけません」という内容の本も出版されていますが、それが「旧型ほめる」であれば理解できる部分があります。

ほめ言葉を「旧型ほめる」の上からの評価や下心による操作で使うのであれば、子どもは、親にほめられる行動を自分の基準にしてしまい、小さくまとまってしまったり、自分の意思で人生を選択する能力が弱くなってしまいます。

けれども「新型ほめる」は、評価や操作ではありません。しっかりとほめて、子どもの成長を引き出し、応援したいものです。

205ページに「ほめる達人がモテる理由」を12項目ほど箇条書きしましたが、そのほとんどは、子どもにとっても親の理想像ではないでしょうか。

子どもが、そんな親を求めていると思うと、私も子育てをしてきた身として、ドキッとしてしまいます。

かといって、「いいねぇ！　すごいねぇ！」とやたらと言いましょうというわけではありません。**子どもとしっかりと向き合い、話を聞き、笑顔で楽しく、「おいしいね！」と一緒にごはんを食べて過ごす。**そんな子育てを心がけたいですね。

◇親の介護も、ほめるスキルで！

自分の親に対してはどうでしょうか？　高齢になってきた親。場合によっては介護が必要だったり、認知症を発症していることもある。そんな親に対して、ほめているでしょうか。親にする子どもの姿も、先ほどの「ほめる達人がモテる理由」12項目の多くは理想ではないでしょうか。

高齢や病気となった親は、不安や孤独を抱えながら毎日を過ごしています。もし、介護が必要ともなれば、子どもにとって肉体的、精神的にもたいへんですが、そうでなくとも、ほめるスキルを使いながら、親の人生の仕上げを少しでも応援していきたいものです。

「認知症の親の介護に、ほめるスキルを活用し、認知症が緩和された」という報告もあります。

その方はそれまでは、

「ごはんを食べなきゃダメだよ」

「薬を飲まなきゃね！」

と、親のためを思って一所懸命に介護をしてきましたが、親は自分の言うことを聞きたがらなかったと言います。

ふと、自分がしてきた介護は、子どもの側の都合による一方的な押しつけではないかと気づいたと、その方は言われました。

それからは、**親を尊敬し、親の存在をほめる**ように意識を変えていったそうです。

ごはんを少ししか食べなくても、

「ごはん食べたんだね、すごいね」

ごはんを食べたがらないときには、

「いまは食べたくないんだね」

と、**親の選択を尊重する**ようにしたのです。

するとそれからほどなく、親の認知症の症状が緩和されて、笑顔も増え、眠れなくて飲んでいた睡眠導入剤も服用しなくてすむようになったそうです。

高齢になっても、認められたい、ほめられたいのは変わりません。

◇街じゅうの人をあなたのファンにする！

私が損害保険会社にいた頃、グループ会社が入っていたビルの最上階22階にランチスペースとコンビニがありました。

最上階ですので当然、そのビルに入っているグループ会社の従業員しか利用しません。私は当時、いくつものプロジェクトに顔を突っこんでいたので多忙で、お昼はたいてい、そのコンビニで買うおにぎりなどで済ませていました。

ある日のランチどきのことです。5台のレジがフル回転しても、各レジに10人以上並んでいました。私が並んだのは、よく見かける元気な女性店員さんのレジです。

私の番が来ると、その店員さんが、おにぎりをレジ袋に入れながら言ったのです。

「あっ、私、今月いっぱいで別のお店に異動なんです！　いままでありがとうございました！」

私はちょっと驚きました。よく見かける店員さんですが、いつも混んでいるので、とくに話をしたこともありません。

それでも彼女は私を覚えていてくれたのです。私の前のお客さんには誰にもそんなことを言っているふうではありませんでしたから、うれしい気持ちになりました。


私はいつも、どのコンビニでも、レジ袋を受け取るときには店員さんの目を見て、笑顔で「ありがとう」と言います。まったく私の目を見ない店員さんもいますが、笑顔を返してくれる店員さんもたくさんいます。その女性店員さんもそうでした。

彼女は元気がよく一所懸命なので、私はその働きぶりに感謝する意味もこめて、「ありがとう」を言っていました。彼女にはきっとその印象があって、たくさんいるお客さんの中でも、私を覚えていてくれて、自分がいなくなることを伝えてくれたのだと思います。

「目で握手」と「存在をほめる」スキル、まさにそれだけで、慌ただしい昼どきのコンビニのレジでも、小さな人間関係が生まれます。

そして街じゅうに、自分の仲間や大切な人が増えていきます。こちらがまず、**その人のファンになることで、その人もこちらのファンになってくれる**ことが、けっこうあるものです。

おわりに

私たち、「日本ほめる達人協会」には、「認定講師」という資格があります。

有資格者には、会社員、経営者、学校教師、専業主婦、医師、看護師、栄養士、アナウンサー、大学生、鍼灸師《しんきゅうし》、もちろん講師業の方など、さまざまな方々がいます。

現在約300名の認定講師がいて、ご自身の職場や、子育てや、講演活動などで〝ほめ達〟をひろめ、また実践されています。

その中に、産業医をされている平野井啓一さんという認定講師がいます。産業医とは、企業で働く人たちの体と心の健康を守る役割を担う医師です。その平野井さんが、あるとき、こんなお話をされました。

「ダメ出しする側は正しいことを言っているつもりでも、言われている側は、自分の存在、人格まで否定されたように思えてしまうことがあります。場合によっては、それがパワハラにつながります」

正しいことをしているはずなのに、いい結果が出ない、さらには職場を去っていく従業員が後を絶たない。その理由は、課題の伝え方や、相手との向き合い方に問題があるのではないでしょうか。

平野井さんは続けます。

「それに対して、ほめることは相手に元気や勇気を与えます」

人材やシステムのインフラなどのリソースがそろわなくても、いい結果を出すメンバーやチームがある。その理由も、ちょっとした課題の伝え方や相手との向き合い方にあることは間違いありません。

ただ、平野井さんはこうも付け加えます。

「パワハラをする人が悪い人なのかと言えば、そうとも言えません。パワハラ的な言い方をしてしまう人、それしかできない人、ほめることを知らない人がいる、と考えるべきなのです。だから、しっかりとほめるスキルを伝え、パワハラをする人も救い、パワハラをされる人も、私は救いたいのです」

医師ならではの発想ですね。人を健康に戻してあげたい。病気はいつ誰がかかってもおかしくない。病気になった人に罪はない。そんな発想です。

「医学書に載っていない、心の処方箋があるはずなんです。それを伝えていきたいのです」

ほめるスキルは、まさに医学書にない処方箋。気持ちが弱っている人を元気にし、元気な人には、さらに継続的に元気でいてもらう。そして誰かを元気にできれば、自分も元気になることができる。いわゆるビジネスの駆け引きとはまったく別の、**「他者への貢献」**という、ビジネス本来の意味を実現するスキルと言えます。それによって、お互いがよくなり、成果につながっていきます。

平野井さんの言葉に、大きな愛を感じました。

ある夏、私は神奈川県のある市の教職員研修会で「ほめる達人セミナー」をさせていただいたことがありました。

市内の小中学校の先生方や養護教諭の先生方が百数十人集まり、熱心に聴いてくださいました。生徒たちのいいところを見つけてあげたい、ほめてあげたい、と、夏休み中にもかかわらず、暑い暑い中、自主的に参加される先生方がたくさんいらっしゃる。それだけで、日本はすばらしい国なのだと思えます。

一方で、研修への参加は、解決したい課題があるからです。生徒たちとのコミュニケーションも、いじめの問題もあるでしょう。そんな切実な思いを持っての参加なのだと、楽しい雰囲気で研修を進めながらも、私にはひしひしと感じるものがありました。

そして研修後、こんな質問がありました。とても聡明な印象の男性の先生からです。

「松本先生は、〝ほめる〟をコントロールに使わないと言われました。ただ一方で、ほめることは、いい結果を引き出すとも言われました。それはやはり、コントロールであるように感じますが、生徒をほめるとき、いったいどういう態度で、私たちは生徒に向き合えばいいのでしょうか?」

とてもすばらしい質問です。

私は、このような質問には通常、「そもそもが、ほめることでいい結果を引き出そうというのならば、コントロールと言えます。しかし、見返りを求めず、相手を元気にしたり幸せにしたりするような行為ならば、コントロールにならないですよね」とお答えしますが、その日は、そのようなことは言わずに、この先生ならわかりあえそうと思い、すべてをはしょって、こうお伝えしました。

「〝ほめる〟って、愛することだと思うんです」

その瞬間に、先生の顔が明るくなりました。

「『ほめる』『叱る』など、誰かのためにすることを、『愛する』という言葉に置き換えてみたらいかがでしょう」

人はとかく、目の前の出来事にとらわれがち。目の前の出来事で右往左往してしまいますが、**愛するのなら、どう伝えるのか。**

その人、その子に、いまどんな言葉をかけてあげるのか？
どんな言葉が、その人、その子を元気にするのか？
どんな言葉が、その人、その子を笑顔にするのか？
どんな言葉が、その人、その子を成長させ、幸せにするのか？

コントロールかどうかは、そう考えることでわかるのではないでしょうか？

愛することに限度はありません。同様に、人をほめることにも限度はないのです。

「ほめるとは、価値を発見して、伝えること」——どんなに小さな価値であっても、相手の価値を見つけつづけることができたのなら、その人への思いや愛が上書きされつづけます。

同時に、相手にとって、ほめてくれるあなたの価値も、ずっと上書きされつづけるものなのです。

松本秀男

◉著者プロフィール

松本秀男（まつもと・ひでお）

一般社団法人 日本ほめる達人協会 専務理事。1961年東京都出身。國學院大学文学部卒業後、歌手さだまさし氏の制作担当マネージャー、家業のガソリンスタンド経営を経て、45歳でＡＩＵ損保保険の営業に。仕事を通じて「ほめるコミュニケーション」の重要性に気づき、トップ営業を経験。その後伝説のトレーナーとして部門実績を前年比１３０％に押し上げる。さらに本社経営企画部マネージャーとして社長賞を受賞するなど数々の成果と感動を生み出し続けた。現在は、徹底的に人の価値を見つけ、人と組織を動かし業績を上げ、しかも家庭まで元気にする「ほめる達人（ほめ達！）」として、企業のリーダーシップや営業力強化研修、子育て講演などで活躍。テレビ・ラジオなどメディア出演も多数。著書に『ほめる人ほど、なぜ出世が早い？』（三笠書房）、『できる大人は「ひと言」加える』『できる大人のことばの選び方』（以上、青春新書）などがある。

カバー写真提供　evgenyatamanenko／PIXTA（ピクスタ）
本文デザイン・ＤＴＰ　小松幸枝（編集室エス）
販売　酒井謙次
宣伝　安田征克
統括マネージャー　岡布由子

「ほめる」は最強のビジネススキル！

二〇二〇年一月二十九日　初版第一刷発行

著　者　松本秀男
編集人　小松卓郎
発行者　佐藤幸一
発行所　株式会社悟空出版
〒一六〇─〇〇二二　東京都新宿区新宿二─三─一一
電話　編集・販売：〇三─五三六九─四〇六三
ホームページhttps://www.goku-books.jp/

装幀　高野　宏（T・ボーン）

印刷・製本　中央精版印刷株式会社

Printed in Japan　ISBN 978-4-908117-70-1